Dorothea Ernst

30 Minuten

Nachhaltigkeit

Bibliografische Information der Deutschen Nationalbibliothek
Die Deutsche Nationalbibliothek verzeichnet diese Publikation
in der Deutschen Nationalbibliografie; detaillierte bibliografische Daten sind im Internet über http://dnb.d-nb.de abrufbar.

ISBN 978-3-86936-022-3

Umschlaggestaltung: die imprimatur, Hainburg
Umschlagkonzept: Martin Zech Design, Bremen
Lektorat: Eva Gößwein, Berlin
Autorenfoto: Silvia Schulze
Abbildung 1 (Kap. 1.2): WWF
Abbildung 4 (Kap. 2.2): United Nations
Übrige Grafiken: Dr. Dorothea Ernst
Satz: Zerosoft, Timisoara (Rumänien)
Druck und Verarbeitung: Salzland Druck, Staßfurt

Wir drucken in Deutschland.

www.gabal-verlag.de
www.twitter.com/gabalbuecher
www.facebook.com/Gabalbuecher
www.instagram.com/gabalbuecher

PEFC zertifiziert
Dieses Produkt stammt aus nachhaltig
bewirtschafteten Wäldern und kontrollierten
Quellen.

www.pefc.de

In 30 Minuten wissen Sie mehr!

Dieses Buch ist so konzipiert, dass Sie in kurzer Zeit prägnante und fundierte Informationen aufnehmen können. Mithilfe eines Leitsystems werden Sie durch das Buch geführt. Es erlaubt Ihnen, innerhalb Ihres persönlichen Zeitkontingents (von 10 bis 30 Minuten) das Wesentliche zu erfassen.

Kurze Lesezeit

In 30 Minuten können Sie das ganze Buch lesen. Wenn Sie weniger Zeit haben, lesen Sie gezielt nur die Stellen, die für Sie wichtige Informationen beinhalten.

- Alle wichtigen Informationen sind blau gedruckt.

- Schlüsselfragen mit Seitenverweisen zu Beginn eines jeden Kapitels erlauben eine schnelle Orientierung: Sie blättern direkt auf die Seite, die Ihre Wissenslücke schließt.

- *Zahlreiche Zusammenfassungen innerhalb der Kapitel erlauben das schnelle Querlesen.*

- Ein Fast Reader am Ende des Buches fasst alle wichtigen Aspekte zusammen.

- Ein Register erleichtert das Nachschlagen.

Inhalt

Vorwort

Wir alle erleben, dass die heutige Zeit eine Zeit großer Veränderungen ist. Corona hat die Welt verlangsamt, Systemrelevantes und globale Abhängigkeiten sichtbar gemacht. Dieses Buch, das vor Corona geschrieben wurde, trägt dazu bei, aufzuzeigen, wie langfristig gutes Leben für alle möglich werden könnte.

Was ist Nachhaltigkeit? Jeder hat schon einmal erlebt, dass das Geld, das heute ausgegeben wird, morgen nicht mehr zur Verfügung steht; dass das Brot, das ich am Morgen esse, mich abends nicht mehr satt machen kann. Der Kern der Nachhaltigkeit ist gutes Haushalten. Nachhaltiges Handeln ist maßvoll und orientiert sich am Wohl aller: heute und morgen. Wie aber erkennt man ein angemessenes Maß? Was ist das Wohl aller? Bis wann reicht das Morgen?

Die Antworten auf diese Fragen sind vielfältig, so vielfältig wie die Menschen, die sie geben. Dennoch gibt es einige Ankerpunkte, auf die sich die Menschheit verständigt hat. In einem langen internationalen Verhandlungsprozess wurden die 17 Nachhaltigkeitsziele der Vereinten Nationen erarbeitet. Sie wurden 2015 veröffentlicht und gelten nun bis 2030.

Die Agenda-2030-Ziele geben sowohl der Politik als auch Unternehmen und der Zivilgesellschaft einen gemeinsamen Handlungsrahmen.

Wie aber setzt man diese Ziele im Unternehmen um? Kann ein Unternehmen gleichzeitig profitabel sein und zur nachhaltigen Entwicklung der Menschheit beitragen? Ist dies überhaupt die Rolle der Wirtschaft, die Aufgabe von Unternehmen?

Die Antwort ist: Ja! Denn keine andere Organisationsform bringt neue Ideen schneller und effizienter in die Welt als Unternehmen. Die Wirtschaft ist der größte Veränderungsmotor. Und es geschieht bereits. Immer mehr Unternehmen arbeiten bewusst an der Umsetzung der UN-Nachhaltigkeitsziele mit. In diesem Buch lernen Sie:

- was man unter nachhaltiger Entwicklung versteht,
- welche Rolle die Agenda 2030 der Vereinten Nationen auf dem Weg hin zu nachhaltiger Entwicklung spielt,
- wie disruptive Technologien die Transformation unterstützen könnten,
- wie Sie auf dem Zwillingsweg persönlicher Entwicklung und beruflicher Wirksamkeit zur nachhaltigen Entwicklung doppelt beitragen können.

Ich bin seit mehr als 20 Jahren auf dieser Reise. Entdecken Sie mit mir gemeinsam, wie spannend und lohnend sie ist.

Dr. Dorothea Ernst

30 MINUTEN

1. Die Lage der Welt

Täglich werden wir mit Informationen über die prekäre Lage der Welt bombardiert: Coronafolgen, Klimawandel, Plastikmüll im Ozean, Flüchtlingsströme und Kriege sind nur einige der Probleme. Gleichzeitig lassen neue Technologien, etwa in den Bereichen Digitalisierung, Robotik, Biotechnologie und Neurowissenschaften, disruptive Veränderungen für unser Arbeiten und Leben erwarten. Sie bieten ungeheure Innovationspotenziale, die Schnelligkeit ihrer Entwicklung verunsichert jedoch zutiefst.

Je mehr wir wissen, desto weniger können wir voraussagen, lautet das Wissensparadox. Wie kann ich mich dann in einer Zeit orientieren, in der Wissen täglich zunimmt? Hier hilft der Blick in die Geschichte. Nicht um von ihr zu lernen, was nun konkret zu tun ist. Sondern um zu erkennen, dass die Menschheit über eine beinahe unerschöpfliche Gruppenkreativität verfügt. Sie kann erstaunliche Veränderungen gestalten, sobald sie sich auf gemeinsame Ziele verständigt und an dieselbe Geschichte, dasselbe Narrativ glaubt.

1.1 Wo wir herkommen

Lange Zeit haben sich die Menschen mit drei Hauptproblemen herumgeschlagen: Hunger, Krieg und Krankheit. Im Laufe der Jahrtausende haben sie vielerlei Technologien und Organisationsformen entwickelt, um mit diesen Herausforderungen besser umzugehen. Und trotzdem: Erst seit Kurzem werden diese drei Geißeln der Menschheit durch neue Herausforderungen abgelöst.

UN-Millenniumsziele
1. Bekämpfung von extremer Armut und Hunger
2. Primärschulbildung für alle
3. Gleichstellung der Geschlechter/Stärkung der Rolle der Frauen
4. Senkung der Kindersterblichkeit
5. Verbesserung der Gesundheitsversorgung der Mütter
6. Bekämpfung von HIV/AIDS, Malaria und anderen schweren Krankheiten
7. Ökologische Nachhaltigkeit
8. Aufbau einer globalen Partnerschaft für Entwicklung

Übergewicht und Hunger

Hunger ist zwar nicht ausgerottet, aber einer der Erfolge der UN-Millenniumsziele ist die Halbierung des Hungers auf der Welt seit dem Jahr 2000. Ist Ihnen bewusst, dass heute bereits mehr Menschen weltweit an Übergewicht als an Hunger leiden?

Zivilisations- und Kriegsopfer

Es sterben jährlich mehr Menschen durch Autounfälle als durch Krieg. Klimawandel ist eine wesentliche Bedrohung. Es gibt zwar noch Kriege, aber deren Wesen hat sich geändert: Früher waren Macht und Reichtum an den Besitz materieller Güter wie Land und Rohstoffe gekoppelt. In der heutigen Wissensgesellschaft sind Macht und Reichtum mit dem Zugang zu nicht materiellen Gütern wie Aufmerksamkeit, Wissen, Daten und Energie verbunden. Dies ändert auch die Begehrlichkeiten und damit die Kriegsführung. Ein Beispiel dafür ist Cyberkrieg.

Auch die Aggression Einzelner zeigt sich heute oft auf andere Art: Wussten Sie, dass sich die Selbstmordrate von Jugendlichen in Großbritannien aufgrund von Mobbing in den Social Media in den letzten zehn Jahren fast verdoppelt hat?

Gesundheitsversorgung und Krankheit

Die mittlere Lebenserwartung hat sich im letzten Jahrhundert von ca. 40 auf mehr als 80 Jahre verdoppelt. Allgemein bekanntes und gelebtes Hygienewissen sowie der Aufbau von Gesundheitssystemen sind die wesentlichen Ursachen für diese Entwicklung. Gleichzeitig jedoch werden immer neue Viren aus dem Tierreich eingeschleppt und Anomalien ermittelt und verunsichern die Menschen. Zudem führt der Fortschritt der westlichen Gesellschaften zu einem Vormarsch psychischer Krankheiten wie Depressionen und ADHS. Viele leiden unter Einsamkeit oder einem Gefühl von Bedeutungslosigkeit.

Technologie verändert die Welt

Hauptursachen für diese beeindruckende Entwicklung sind der Siegeszug der Technologie und die damit verbundenen Änderungen der Art und Weise, wie die Menschheit ihr Leben organisiert. Der Wirtschaftswissenschaftler Nikolai Kondratjew veröffentlichte 1926 in einer Berliner Zeitschrift seine Beobachtungen der langen Wellen der Konjunktur.

Ein Kennzeichen dieser Kondratjew-Zyklen ist, dass bereits vorhandene, aber bislang wenig oder nicht genutzte Ressourcen und Fähigkeiten ins allgemeine Bewusstsein treten und plötzlich eine breite Bedeutung erlangen. Sie markieren von bestimmten Erfindungen ausgelöste Innovationsschübe, welche die ganze Gesellschaft verändern, bis sich ihr Innovationspotenzial erschöpft hat. Mit dem Übergang zum nächsten Zyklus findet immer auch eine tiefgreifende Veränderung der Gesellschaft statt. Die Kondratjew-Zyklen sind also auch gesellschaftliche Reorganisationsprozesse. Seit Beginn der Industrialisierung gab es fünf solcher langen Wellen bzw. Zyklen, die jeweils durch bahnbrechende Erfindungen oder die Ausbreitung von sogenannten Basisinnovationen ausgelöst wurden. Eine sechste Welle zeichnet sich bereits ab.

1. Welle: Dampfmaschine, Baumwolle, Textilindustrie

Die erste Kondratjew-Welle wurde durch die Erfindung und Nutzung der Dampfmaschinen ausgelöst und markiert den Beginn der ersten industriellen Revolution und der Frühmechanisierung – in Deutschland ungefähr in der Zeit von 1780 bis 1842, in England vermutlich bereits früher.

2. Welle: Stahlerzeugung, Eisenbahn, Dampfschifffahrt, Telegrafie

Die zweite Welle begann etwa 60 Jahre später und fand zwischen 1843 und 1894 während der sogenannten Gründerzeit statt. Technologietreiber hier waren die Dampfschifffahrt sowie die Erfindung des Briten Henry Bessemer, die es ermöglichte, Stahl in Massenproduktion herstellen zu können. Dies war eine wichtige Voraussetzung für den Bau von Eisenbahnlinien. Außerdem wurde in dieser Welle das Bergbauwesen ausgebaut und die Telegrafie erfunden.

3. Welle: Elektrotechnik, Stromerzeugung, Chemie

Die dritte lange Welle der Weltkonjunktur von 1895 bis Ende der 1930er-Jahre wurde insbesondere durch technische Neuerungen wie die Elektrifizierung, Schwermaschinen, den Verbrennungsmotor sowie den Beginn des Automobil-Zeitalters geprägt. In diesem Zeitraum fällt auch die Erfindung der Glühlampe und die Entwicklung von Basistechnologien der Elektrotechnik und der Chemie.

4. Welle: Petrochemie, individuelle Mobilität, Computer

Die vierte Kondratjew-Welle wurde besonders von der Automobilindustrie, der Luft- und Raumfahrttechnik und der Kunststoffindustrie bestimmt. Ihre Basisinnovationen sind der integrierte Schaltkreis, der Transistor, die Anfänge des Computers, die Kernenergie und das Flugzeug. Sie wird auf die Zeit von 1940 bis ca. 1990 datiert.

5. Welle: Biotechnologie und Digitalisierung

Seit 1990 erleben wir die fünfte Welle. Ihre Basisinnovationen sind Informations- und Kommunikationstechnologien sowie Biotechnologie. Eine weitere Besonderheit dieser Welle ist die Globalisierung.

6. Welle: psychosoziale Gesundheit, Neurowissenschaften, Nachhaltigkeit

Seit etwa 2010 erleben wir das Entstehen einer sechsten Kondratjew-Welle. Diese wird von den Themen Gesundheit, Wellness, Bildung und Nachhaltigkeit geprägt. Damit wird insbesondere der Gesundheitsmarkt ein wichtiger Schlüsselmarkt der wirtschaftlichen Entwicklung.

Wachstum der Weltbevölkerung

Zu Beginn dieses Kapitels habe ich darauf hingewiesen, dass wir Menschen über eine außerordentliche Kreativität und Veränderungskraft verfügen. Ein Ergebnis davon ist das bemerkenswerte Bevölkerungswachstum seit Anfang der industriellen Revolution. Während zu Beginn des 19. Jahrhunderts nur eine Milliarde Menschen auf unserem Planeten lebten und eine Verdopplung auf zwei Milliarden 123 Jahre erforderte, waren für das Wachstum von sechs auf sieben Milliarden Menschen zwischen 1999 und 2011 nur elf Jahre nötig. Für das Jahr 2050 prognostizieren Statistiker der Vereinten Nationen eine Weltbevölkerung von ca. 10 Milliarden Menschen, für das Jahr 2100 ca. 11 Milliarden. Danach wird kein weiteres Bevölkerungswachstum mehr erwartet.

Wenn man die Geschichte der Industrialisierung seit dem Ende des 18. Jahrhunderts betrachtet, kann man mit Fug und Recht von einer Erfolgsgeschichte der Menschheit sprechen: Die Lebenserwartung, der Lebensstandard, das allgemeine Bildungsniveau und vieles mehr haben sich verbessert. Allerdings hat dieser Fortschritt einen Preis, der heute sichtbar wird.

30

1.2 Die Welt von heute

Täglich hören und lesen wir über die vielfältigen globalen und nationalen Herausforderungen. Über die Ursachen der Herausforderungen erfahren wir hingegen in der Regel wenig. Im Jahr 2006 hat der World Wide

Fund for Nature (WWF) erstmalig in seinem seit 1998 alle zwei Jahre erscheinenden Bericht, dem *Living Planet Report*, eine Grafik veröffentlicht, mit deren Hilfe die Nicht-Nachhaltigkeit unserer Fortschrittslogik mit einem Bild erklärbar wird. Die Grafik wird regelmäßig aktualisiert und hat sich in den letzten Jahren qualitativ kaum verändert.

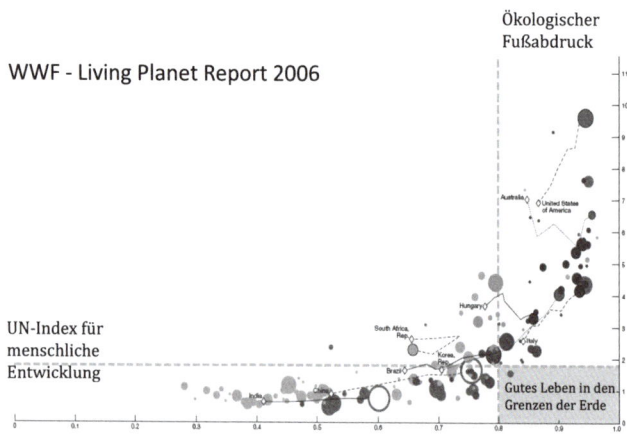

Abb. 1: Nicht nachhaltige Fortschrittslogik.

Die horizontale Achse der Grafik entspricht dem Index der menschlichen Entwicklung (HDI), die vertikale dem ökologischen Fußabdruck. Nachhaltigkeit wäre erreicht, wenn alle Menschen ein gutes Leben auf einem hohen HDI führen könnten, ohne die ökologischen Ressourcen zu zerstören. In der Grafik entspräche dies einem Eintrag im grauen Feld rechts unten. Alle Länder sind durch jeweils einen Kreis gekennzeichnet. Die Größe der Kreise korrespondiert mit der Größe der Bevölkerung. Die beiden größten Kreise sind Indien (links) und China (rechts) mit ihren mehr als 1 Milliarde Einwohnern.

Heute bieten die Industrienationen (Europa, Nordamerika, Australien sowie einige asiatische Länder) ihren Bürgern ein Leben bei einem hohen HDI, jedoch auf Kosten eines zu hohen Ressourcenverbrauchs. Die sogenannten Entwicklungsländer in Afrika und Asien wirtschaften zwar innerhalb der planetaren Grenzen, bieten ihren Bürgern jedoch keine guten Lebensbedingungen.

HDI – ein Maß für den Fortschritt

Der Human Development Index (HDI), zu Deutsch „Index für menschliche Entwicklung", ist ein von der UN genutztes Maß zur Beschreibung der Entwicklungsniveaus eines Landes. Er berücksichtigt nicht nur das Bruttonationaleinkommen pro Kopf, sondern auch die mittlere Lebenserwartung als Gesundheitsmaß und das Ausbildungsniveau der Bürger. Der HDI wird auf die Zahl 1 normiert. Alle Menschen der Welt sollten die Möglichkeit haben, ein hohes Entwicklungsniveau zu erreichen, das heißt bei einem HDI von 0,8 oder mehr zu leben.

Ökologischer Fußabdruck – ein Maß für den Ressourcenverbrauch

Mathis Wackernagel und William Rees entwarfen Anfang der 1990er-Jahre das Konzept des ökologischen Fußabdrucks. Es ermöglicht, eine Buchhaltung für ökologische Ressourcen durchzuführen, vergleichbar mit der Finanzbuchhaltung in der Wirtschaft.

Der ökologische Fußabdruck misst den Verbrauch natürlicher Ressourcen in Global-Hektar (gha) pro Person und Jahr. So erfasst er den Ressourcenverbrauch der Menschen. Berücksichtigt werden u. a. Energie, Nahrung, Kleidung, Entsorgung von Abfällen und das Binden von Kohlendioxid. Er erfasst auch, wie viel Natur (= ökologisches Kapital) den Menschen in ihrem Land (noch) zur Verfügung steht.

Es gibt zwei wichtige Ursachen für die dargestellte Schieflage: das massive Bevölkerungswachstum seit Beginn des 20. Jahrhunderts und das auf Konsum- und Profitmaximierung ausgerichtete globale Wirtschaftssystem mit seinen linearen Wertschöpfungsketten und dem trotz Effizienzsteigerungen stetig zunehmenden Ressourcenverbrauch. Der gebogene Pfeil in der folgenden Grafik verdeutlicht diese Entwicklungsdynamik:

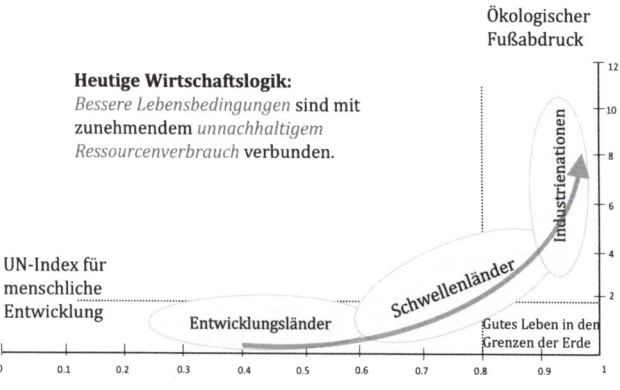

Abb. 2: Problematische Entwicklungsdynamik.

Viele fordern die große Transformation

Spätestens seit dem Entstehen der *Fridays-for-Future*-Bewegung ist im öffentlichen Bewusstsein angekommen, dass radikale Veränderungen notwendig sind, um langfristig gutes Leben für alle auf dem einen Planeten Erde ermöglichen zu können.

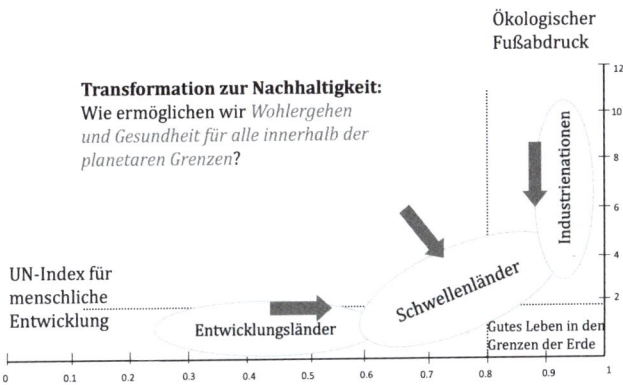

Abb. 3: Richtung der notwendigen Veränderung.

Allerdings gibt es keine Standardlösung, die für alle richtig ist:

- Die Industrienationen müssen Wege finden, ihren Ressourcenverbrauch zu senken, und gleichzeitig dafür sorgen, dass ihre Bürger ihren hohen Lebensstandard halten können.
- Die Schwellenländer sollten beim Aufbau ihrer Wirtschaft, Infrastrukturen und Sozialsysteme von Beginn an auf Nachhaltigkeit achten.

- Die Entwicklungsländer müssen dafür sorgen, dass die Lebensbedingungen ihrer Bürger verbessert werden, ohne den ökologischen Fußabdruck massiv zu steigern.

Mit dem Index für menschliche Entwicklung messen die Vereinten Nationen die soziale Dimension der Nachhaltigkeit. Der ökologische Fußabdruck wird genutzt, um die Umweltaspekte der Nachhaltigkeit zu erfassen. Der WWF hat die Lage der Welt mit diesen beiden Parametern in einer Grafik zusammengefasst. Um Nachhaltigkeit zu erreichen, ist ein globaler Systemwandel erforderlich.

1.3 Systemwandel voraus

Der Begriff Systemwandel ist aus der heutigen öffentlichen Diskussion kaum mehr wegzudenken. Was aber ist ein System? Was ist hier mit Wandel gemeint?

Der Begriff System

Ein System ist ein aus mehreren Einzelteilen zusammengesetztes Ganzes. Es ist ein abgrenzbares, natürliches oder künstliches „Gebilde", das aus verschiedenen Komponenten besteht, die aufgrund bestimmter geordneter Beziehungen untereinander als gemeinsames Ganzes betrachtet werden (können). Die zwei wichtigsten Kategorien sind:

Natürliche Systeme

Die natürlichen Systeme sind reale Systeme, die ohne gezielten Einfluss des Menschen entstanden sind und die sich selbst erhalten, z. B.

- Quantensystem, Atome, Moleküle, Planetensystem (beschrieben durch die Physik und die Chemie)
- lebende bzw. lebendige oder organische Systeme wie Zellen, Organe, Nervensystem, Psyche, Ökosysteme (beschrieben durch die Biologie, die Medizin, die Psychologie)

Künstliche Systeme

Die künstlichen Systeme sind vom Menschen erdacht und konstruiert worden. Sie können materieller oder immaterieller Natur sein; vereinen jedoch häufig beides. Man unterscheidet:

- technische Systeme, z. B. Werkzeuge, Maschinen, Computer
- ökonomische Systeme, z. B. Währungen, Aktien, Versicherungspolicen
- soziale Systeme, z. B. Familie, Ethnie, Verein, Glaubensgemeinschaft, Unternehmen, Organisation
- soziotechnische Systeme, z. B. Informationssystem, Internet, Eisenbahnnetz, Strominfrastruktur
- sozioökonomische Systeme, z. B. Gesundheitssystem, Rentensystem, Wirtschaftssystem inkl. Steuerrecht und internationale Handelsabkommen

Systemwandel

Die bereits beschriebenen Kondratjew-Wellen (Kap. 1.1) sind jeweils von tiefgreifenden gesellschaftlichen Veränderungen begleitet. Das kann man sich ungefähr so vorstellen: Über eine für uns Menschen lange Zeit (mehrere Jahrzehnte) hat sich in einer Gesellschaft ein kulturelles Verhalten entwickelt, beispielsweise die Nutzung von Pferdekutschen zur Überbrückung von größeren Distanzen. Diese Lösung des Mobilitätsproblems ist jedem bekannt und wird durch gesellschaftliche Regeln untermauert. Alternative Lösungen werden als Spinnereien betrachtet. Wir erleben Zeiten unbewusst dominanter Kultur.

Aber unbeobachtet von der Öffentlichkeit entwickeln Pioniere neue Lösungen für bestehende Probleme, etwa die Nutzung von Automobilen Ende des 19. Jahrhunderts. Diese sind lange Zeit wenig bekannt und finden kaum Akzeptanz, stoßen oft sogar auf Skepsis oder Widerstand. Sie tragen aber die wesentlichen Merkmale einer neuen, emergenten Kultur in sich. Die neue Lösung, und damit das neue kulturelle Verhalten, beginnt sich erst durchzusetzen, wenn alte Probleme viel besser gelöst werden können als mit der bekannten Alternative oder wenn Probleme entstehen, die durch das neue Konzept behoben werden können. Ein Beispiel dafür sind Automobile: Sie brauchen weniger Platz als Pferde und Kutschen, sind flexibler und erlauben Individualverkehr für alle.

Sobald die neue Lösung beginnt, sich auszubreiten, entsteht eine Phase der disruptiven Innovation. Diese Zeit ist charakterisiert durch einen Kulturkampf der alten gegen die neue Welt. Für einige Zeit existieren beide Systeme parallel. Die Menschen erleben eine Zeit großer Dynamik und Verunsicherung und sehen sich vor die Frage gestellt, wann es sinnvoll ist, zum neuen System zu wechseln. Der Systemwandel ist vollzogen, sobald sich die neue Kultur so weit verbreitet hat, dass sie dominant geworden ist.

Heute: doppelter Systemwandel

Derzeit befinden wir uns in der sehr besonderen Situation, dass zwei Systemwandel fast parallel zueinander ablaufen. Die sechste folgt auf die fünfte Kondratjew-Welle mit nur ca. zehn Jahren Verzögerung. Vereinfacht kann man sagen, dass wir uns seit etwas mehr als zehn Jahren in der Disruptionsphase des Systemwandels von analog nach digital befinden. Das auslösende Moment für den Wandel war vermutlich die Einführung des Smartphones im Jahr 2008. Durch das Smartphone hat sich die Art, wie wir Menschen kommunizieren und im industriellen Umfeld mit Daten umgehen, radikal verändert. Neue kulturelle Fähigkeiten, etwa die Nutzung von Apps oder die Umsetzung von Bill Gates' Vision „Informationen: immer und überall", wurden zunächst von Pionieren und der Jugend entwickelt und werden derzeit von der gesamten Bevölkerung erlernt.

Ende 2015 wurde mit dem Abkommen von Paris und der Veröffentlichung der UN-Nachhaltigkeitsziele der zweite Systemwandel eingeläutet. Er bezieht sich auf die Transformation unseres globalen Wirtschaftssystems von Profitorientierung hin zu nachhaltiger Wertschöpfung. Bis vor Kurzem haben wir unter den Prämissen Produktivitätsmaximierung und Gewinnoptimierung gewirtschaftet. Dabei bezog man sich auf wirtschaftliche Theorien und deren Grundannahmen, die seit mehr als 100 Jahren nicht mehr hinterfragt und korrigiert worden waren. Als Konsequenz wird nach wie vor der Wachstumsmythos postuliert. Damit wird auch in Kauf genommen, dass vielerlei Wirkungen unternehmerischen Handelns als sogenannte Externalitäten von der Allgemeinheit getragen werden (z. B. die Kosten für die Endlagerung von radioaktivem Abfall).

Wollen wir das Ziel erreichen, dass im Jahr 2050 alle Menschen gut innerhalb der planetaren Grenzen leben, wird es notwendig sein, einer neuen Wirtschaftslogik zu folgen. Diese sollte darauf ausgerichtet sein, sowohl Unternehmensgewinne zu generieren als auch gleichzeitig ökologischen und sozialen Nutzen zu schaffen.

Wir leben in Zeiten eines doppelten Systemwandels:

- *Die Digitalisierung bringt große Veränderungen mit sich in der Art, wie wir Menschen kommunizieren und wie Wirtschaft, Städte und Gemeinden mit Daten und Informationen umgehen. Wir alle erlernen neue kulturelle Fähigkeiten.*

- *Parallel zu den Umbrüchen der Digitalisierung findet zunehmend sichtbar – gekoppelt an den Begriff Nachhaltigkeit – die Transformation unseres globalen Wirtschaftssystems statt. Dabei geht es im Wesentlichen um die Veränderung unserer Vorstellung von wirtschaftlichem Erfolg. In Zukunft wird dieser nicht mehr nur an der Profitabilität gemessen, sondern auch an der Schaffung eines sozialen und ökologischen Nutzens.*

30

30 MINUTEN

2. Nachhaltige Entwicklung

Aristoteles (384–322 v. Chr.) stellte eine erste systematische ökonomische Theorie auf. Es sei wichtig, im „Haus" („oĩkos") nach klaren, naturgemäßen „Gesetzen" („nómos") zu wirtschaften. Mitte des 13. Jahrhunderts verfasste Thomas von Aquin in seinem Werk *Summa Theologica* die Lehre vom „gerechten Preis". Er stufte die Landwirtschaft und das Handwerk als wichtiger als den Handel ein. Außerdem wies er darauf hin, dass Gewinnstreben den Schwächeren oder die Allgemeinheit nicht schädigen darf.

Erst Mitte des 18. Jahrhunderts wurde die Ökonomie eine Wissenschaft. „Wirtschaft oder Ökonomie ist die Gesamtheit aller Einrichtungen und Handlungen, die der planvollen Befriedigung der Bedürfnisse dienen", ist in der Wikipedia zu lesen (Seite „Wirtschaft"). Diese moderne Definition fasst ein sehr komplexes Netzwerk von konkreten bis hin zu hochabstrakten Aktivitäten zusammen. Wirtschaftliches Handeln findet täglich weltweit statt und beeinflusst unser aller Leben tiefgreifend. Aber werden heute tatsächlich die Bedürfnisse der Menschen befriedigt? Was genau sind unsere Bedürfnisse?

2.1 Die Wurzeln der Nachhaltigkeit

Das Prinzip der Nachhaltigkeit wurde erstmals 1713 von Hans Carl von Carlowitz schriftlich formuliert. Er begründete damit eine neue Art von Forstwirtschaft. Sein Buch *Sylvicultura Oeconomica, oder hauß-wirthliche Nachricht und Naturmäßige Anweisung zur Wilden Baum-Zucht* schrieb er in einer Zeit der Energiekrise. Die Erzgruben und Schmelzhütten des Erzgebirges verbrauchten viel Holz. Bevölkerungs- und Städtewachstum verstärkten die „Holznot". Ein geregelter Waldbau sowie Gesetze, Öko-Standards oder Zertifizierungen zur Aufforstung existierten nicht. Daher forderte er, respektvoll und „pfleglich" mit der Natur und ihren Rohstoffen umzugehen. Er kritisierte den auf kurzfristigen Gewinn ausgelegten Raubbau der Wälder.

Zweieinhalb Jahrhunderte später veröffentlichte der Club of Rome im Jahr 1972 die Studie *Grenzen des Wachstums*. Ihre zentrale Aussage war: „*Wenn die gegenwärtige Zunahme der Weltbevölkerung, der Industrialisierung, der Umweltverschmutzung, der Nahrungsmittelproduktion und der Ausbeutung von natürlichen Rohstoffen unverändert anhält, werden die absoluten Wachstumsgrenzen auf der Erde im Laufe der nächsten hundert Jahre erreicht.*" (Meadows, 1972, S. 17)

Das Wirtschaftswunder der Nachkriegszeit hatte der westlichen Welt einen guten Wohlstand beschert. Die Entwicklungsländer jedoch konnten mit dem Fortschritt der demokratischen Marktwirtschaften nicht mithalten. Um diesem sozialen Ungleichgewicht und dem damit verbundenen Konflikt- und Kriegspotenzial zu begegnen, wurden die Vereinten Nationen (UN) Mitte der 80er-Jahre aktiv. Die sogenannte Brundtland-Kommission veröffentlichte 1987 den Bericht *Our Common Future* (*Unsere gemeinsame Zukunft*). In diesem Bericht wurde der Begriff „nachhaltige Entwicklung" in seiner heutigen Bedeutung geprägt. Dies sind die beiden bekanntesten Definitionen (aus dem Brundtland-Bericht, zitiert nach Wikipedia, Seite „Brundtland-Bericht"):

- *„Nachhaltige Entwicklung ist eine Entwicklung, die die Bedürfnisse der Gegenwart befriedigt, ohne zu riskieren, dass künftige Generationen ihre eigenen Bedürfnisse nicht befriedigen können."* (Fokus: Generationengerechtigkeit)

- *„Im Wesentlichen ist Nachhaltige Entwicklung ein Wandlungsprozess, in dem die Nutzung von Ressourcen, das Ziel von Investitionen, die Richtung technologischer Entwicklung und institutioneller Wandel miteinander harmonieren und das derzeitige und künftige Potential vergrößern, menschliche Bedürfnisse und Wünsche zu erfüllen."* (Fokus: ganzheitliche Verhaltensänderung)

Der Begriff Nachhaltigkeit stammt aus der Forstwirtschaft. Im Rahmen der globalen Armuts- und Umweltdiskussion wurde 1987 das Konzept „Nachhaltige Entwicklung" geprägt. Beiden Ideen gemeinsam ist die Sorge um einen gesunden,

maßvollen Umgang mit den natürlichen Ressour-
cen. Dieser wird als Voraussetzung dafür gese-
hen, dass Menschen heute und auch in der Zu-
kunft ein gutes Leben führen können.

2.2 Die UN-Nachhaltigkeitsziele

Ihre Wurzeln haben die Vereinten Nationen (UN) in
den Haager Friedenskonferenzen und im Völkerbund.
Dieser hatte bereits nach dem Ersten Weltkrieg das
Ziel, den Frieden in der Welt dauerhaft zu sichern.
1945, kurz nach Ende des Zweiten Weltkrieges, unter-
zeichneten 51 Gründungsmitglieder die Charta der
Vereinten Nationen, die man auch als Verfassung der
UN bezeichnet. Im Wesentlichen arbeitet die UN seit
ihrer Gründung an vier Zielen:

- die Wahrung des Weltfriedens und der internationalen Sicherheit;
- die Entwicklung besserer, freundschaftlicher Beziehungen zwischen den Nationen;
- die internationale Zusammenarbeit, die Lösung
  globaler Probleme und die Förderung der Men-
  schenrechte;
- der Mittelpunkt zu sein, an dem die Nationen diese Ziele gemeinsam verhandeln.

Heute hat die UN 193 Mitglieder. Beide deutschen Staaten traten den Vereinten Nationen erst 1973 bei. Eine

Vielzahl an UN-Organisationen arbeitet weltweit an der Umsetzung der vier Ziele.

Gemeinsame Ziele: ein gut gehütetes Geheimnis

Interessanterweise sind den meisten von uns weder die Millenniums- noch die derzeit gültigen Nachhaltigkeitsziele bekannt. Es ist auch kaum bekannt, dass die Millenniumsziele im Wesentlichen erfüllt wurden, was bei ihrer Veröffentlichung im Jahr 2000 durchaus nicht vorhersehbar war. So ist es denn auch nicht verwunderlich, dass die 17 2015 veröffentlichten UN-Nachhaltigkeitsziele (engl. Sustainable Development Goals = SDGs) für viele immer noch ein gut gehütetes Geheimnis sind. Sie wurden in Politiksprache und Gesetzgebungslogik formuliert. Es erfordert zusätzlichen Aufwand, die Ziele in Unternehmenssprache zu übersetzen. Diese Arbeit wird derzeit von vielen Organisationen geleistet.

Die UN-Nachhaltigkeitsziele	
Ziel 1	Armut in allen ihren Formen und überall beenden.
Ziel 2	Den Hunger beenden, Ernährungssicherheit und eine bessere Ernährung erreichen und eine nachhaltige Landwirtschaft fördern.
Ziel 3	Ein gesundes Leben für alle Menschen jeden Alters gewährleisten und ihr Wohlergehen fördern.

Ziel 4	Inklusive, gleichberechtigte und hochwertige Bildung gewährleisten und Möglichkeiten lebenslangen Lernens für alle fördern.
Ziel 5	Geschlechtergleichstellung erreichen und alle Frauen und Mädchen zur Selbstbestimmung befähigen.
Ziel 6	Verfügbarkeit und nachhaltige Bewirtschaftung von Wasser und Sanitärversorgung für alle gewährleisten.
Ziel 7	Zugang zu bezahlbarer, verlässlicher, nachhaltiger und moderner Energie für alle sichern.
Ziel 8	Dauerhaftes, breitenwirksames und nachhaltiges Wirtschaftswachstum, produktive Vollbeschäftigung und menschenwürdige Arbeit für alle fördern.
Ziel 9	Eine widerstandsfähige Infrastruktur aufbauen, breitenwirksame und nachhaltige Industrialisierung fördern und Innovationen unterstützen.
Ziel 10	Ungleichheit in und zwischen Ländern verringern.
Ziel 11	Städte und Siedlungen inklusiv, sicher, widerstandsfähig und nachhaltig gestalten.
Ziel 12	Nachhaltige Konsum- und Produktionsmuster sicherstellen.
Ziel 13	Umgehend Maßnahmen zur Bekämpfung des Klimawandels und seiner Auswirkungen ergreifen.
Ziel 14	Ozeane, Meere und Meeresressourcen im Sinne nachhaltiger Entwicklung erhalten und nachhaltig nutzen.
Ziel 15	Landökosysteme schützen, wiederherstellen und ihre nachhaltige Nutzung fördern, Wälder nachhaltig bewirtschaften, Wüstenbildung be-

	kämpfen, Bodendegradation beenden und umkehren und dem Verlust der biologischen Vielfalt ein Ende setzen.
Ziel 16	Friedliche und inklusive Gesellschaften für eine nachhaltige Entwicklung fördern, allen Menschen Zugang zur Justiz ermöglichen und leistungsfähige, rechenschaftspflichtige und inklusive Institutionen auf allen Ebenen aufbauen.
Ziel 17	Umsetzungsmittel stärken und die Globale Partnerschaft für nachhaltige Entwicklung mit neuem Leben erfüllen.

Abb. 4: Die 17 UN-Nachhaltigkeitsziele.

Mit der Umsetzung der UN-Nachhaltigkeitsziele wird die Menschheit die Transformation zur Nachhaltigkeit bzw. das Ziel, dass alle Menschen gut in den planetaren Grenzen leben, nicht erreicht haben. Sie sind als Etappenziel einer längeren Entwicklungsreise zu verstehen und geben uns eine mittelfristige Orientierung hinsichtlich des Weges, den wir gemeinsam finden müssen, um das langfristige Ziel von gutem Leben für alle innerhalb der planetaren Grenzen zu erreichen.

Es ist offensichtlich, dass keine gesellschaftliche Gruppe, keine Nation allein in der Lage ist, diese Ziele umzusetzen. Jeder ist aufgerufen, daran mitzuarbeiten. Zu jedem dieser Ziele sind Unterziele definiert, insgesamt 169. In den meisten Ländern wird seit 2016 daran gearbeitet, die Ziele und die Unterziele in konkrete Maßnahmen zu übersetzen und Indikatoren zu finden, um ihre Umsetzung zu messen. Dabei sollen alle Maßnahmen in ihrem geografischen und kulturellen Kontext sinnvoll sein. Daher gibt es für die Umsetzung auch keine standardisierten Vorgaben, sondern viel Raum für Kreativität, Gestaltungswillen und Innovation.

Die 17 UN-Nachhaltigkeitsziele bilden die von den 193 Staaten der Vereinten Nationen gemeinsam definierte Agenda zur friedlichen und nachhaltigen Entwicklung der Menschheit. Sie sollen bis 2030 erreicht werden und sind ein Etappenziel auf dem Weg zu gutem Leben für alle in den planetaren Grenzen.

2.3 Kursänderung durch Backcasting

Um die Aktivitäten von Unternehmen und anderen Organisationen zu planen, gibt es zwei grundsätzlich unterschiedliche Ansätze: das Forecasting und das Backcasting.

Forecasting – Planen mit historischen Daten

Forecasting bedeutet Vorhersage. Dahinter verbirgt sich ein Prozess, bei dem auf der Basis von historischen und aktuellen Daten sowie der Analyse von Trends zukünftige Entwicklungen prognostiziert werden. Typische Anwendungsgebiete sind beispielsweise Produktionsplanung, Planung von Vertriebszahlen, Ressourcenplanung, Logistikplanung, z. B. Transportbedarfe, und Kostenoptimierungsprozesse.

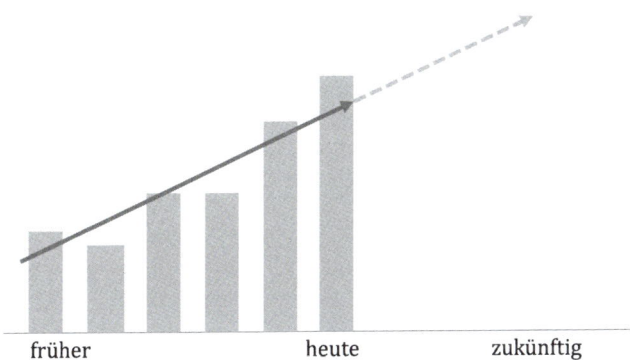

Abb. 5: Vorgehen beim Forecasting.

Unterschieden werden qualitative Methoden, wie die Delphi-Methode oder Marktanalysen, und quantitative Methoden, wie Mittelwertbildung, Drift-Methoden oder Zeitserienansätze. Heutzutage werden lernende Algorithmen und künstliche Intelligenz bei Forecasting-Prozessen genutzt.

Forecasting liefert niemals absolut sichere Zukunftsaussagen, sondern ist mit Risiken behaftet. Gutes Forecasting gibt daher auch immer den Grad der Unsicherheit an, mit dem gerechnet werden muss. Die Qualität eines Forecasts hängt stets von der Qualität und Aktualität der genutzten Daten ab.

Forecasting ist eine gute Planungsmethode in stabilen Marktsituationen mit bestehendem Kundenstamm. Außerdem lassen sich sogenannte inkrementelle Innovationen gut mit Forecasting planen. Dabei handelt es sich um geringfügige Produktänderungen, die in standardisierten Innovationsprozessen erarbeitet werden können.

Backcasting – Planen mit einer Zukunftsvision

Befindet man sich jedoch in hochdynamischen, komplexen Märkten, möchte man einen neuen Markt eröffnen oder einen strategischen Kurswechsel gestalten, ist Backcasting die Planungsmethode der Wahl. Der Startpunkt für das Backcasting ist nicht die historische Entwicklung, sondern ein definierter gewünschter Endzustand, beschrieben in einer Vision. Um diese Vision umzusetzen, ist meist ein Kurswechsel erforderlich bzw. eine radikale oder disruptive Innovation.

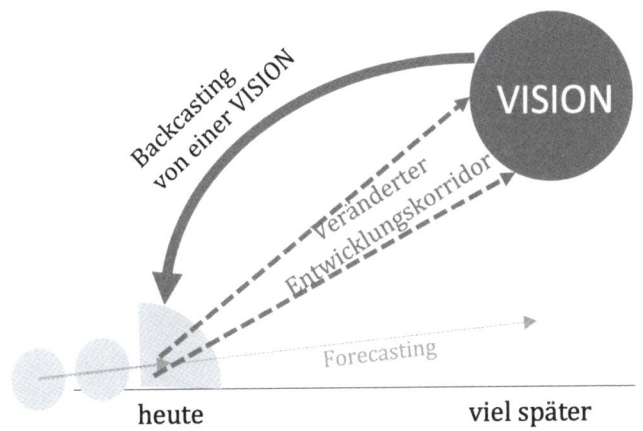

heute　　　　　　　　　**viel später**

Abb. 6: Vorgehen beim Backcasting.

Ein Backcasting-Prozess besteht in der Regel aus sechs
Schritten:

1. Problemdefinition

Am Beginn eines Backcasting-Prozesses sollte stets
eine Problemdefinition stehen. Dabei ist es wichtig, alle
Betroffenen zu identifizieren und einzubeziehen, was
manchmal schwierig und langwierig sein kann. In diesem Prozessschritt können Methoden zur Themenfin-
dung während einer Mediation sehr hilfreich sein.
Wichtig ist, dass alle Stimmen gehört und berücksichtigt werden und dass das Problem mit all seinen Facetten systemisch beschrieben wird.

2. Kokreation einer Vision

Nachdem das Problem aus unterschiedlichsten Perspektiven beschrieben wurde, findet ebenso unter Einbeziehung aller Betroffenen die Visionsbildung statt. Eine Vision fasst das große gemeinsame Ziel aller in einem einfach zu kommunizierenden Satz zusammen. Dieser Satz muss sowohl rational als auch emotional gut erfassbar sein. Das bekannteste Beispiel ist die Vision, die J. F. Kennedy am 25. Mai 1961 vor dem Kongress der USA formulierte: *„Ich glaube, diese Nation sollte vor Ablauf des Jahrzehnts* [1960er-Jahre] *das Ziel erreicht haben, einen Menschen auf dem Mond landen zu lassen und gesund und sicher auf die Erde zurückzubringen."*

Es ist hilfreich, die Vision am Ende des Visionsentwicklungsprozesses in strategische Ziele für die verschiedenen Betroffenen zu übersetzen. Wenn möglich sollten den Zielen bereits zu diesem Zeitpunkt Fortschrittsindikatoren zugeordnet werden. Diese Indikatoren helfen, eine sinnvolle – auf die Erreichung der Vision gerichtete – Bestandsaufnahme zu machen. Mit der Vision, den daraus abgeleiteten strategischen Zielen sowie den diesen zugeordneten Indikatoren wird ein orientierendes Soll definiert. (Manchmal wird diese Aktivität auch als erster Schritt der Bestimmung der Ausgangssituation angesehen und in der nächsten Prozessphase erarbeitet.)

3. Bestimmung der Ausgangssituation

Sobald die Vision und die mit ihrer Erreichung verbundenen strategischen Ziele deutlich sind, beginnt die Bestimmung der Ist-Situation. Dabei ist es sehr wichtig, auf belastbare Daten zu achten. Es gilt das GIGO-Prinzip („garbage in – garbage out"). Die Ist-Situation wird typischerweise über Interviews mit den Problemeignern sowie durch die Auswertung von (öffentlich) zugänglichen Statistiken, Forschungsberichten, Marktanalysen etc. ermittelt. Nun ist es an der Zeit, ein kontinuierliches Projektteam zu installieren und es durch Experten zu ergänzen.

Aus der Kluft zwischen dem Soll und dem Ist ergibt sich die Planungsaufgabe. Die Innovationsaufgabe besteht nun darin, Lösungswege zu identifizieren und zu gestalten, die eine Überbrückung dieser Kluft ermöglichen.

4. Ideation – das Finden von Lösungswegen

Zur Identifizierung von möglichen Lösungswegen können klassische Ideengenerationsprozesse durchgeführt werden. Diese gliedern sich in der Regel in drei Schritte:

- Ideengeneration: Es geht um Quantität, das heißt das schnelle Sammeln vieler Ideen. Hier kommen Methoden wie Brainstorming, Brainwriting oder laterales Denken zum Einsatz. In diesem Prozessschritt werden Ideensamen erarbeitet, die meist nur einen Aspekt des Problems betreffen.

- **Ideenentwicklung:** Es geht um Qualität, das heißt die Weiterentwicklung von Ideensamen zu Ideen, die viele Aspekte des Problems berücksichtigen. Dazu kommen Methoden wie de Bonos sechs Denkhüte oder spezifisch entwickelte Ideenentwicklungs-Templates zum Einsatz.
- **Clustering:** In diesem Prozessschritt werden viele ähnliche Ideen inhaltlich zu einem Thema gebündelt oder zeitlich in einer Roadmap strukturiert.

Es ist wichtig, diesen kreativen Prozess unter Einbeziehung aller Betroffenen und einiger Problemfremder durchzuführen. Letztere bringen aufgrund ihrer Unbefangenheit „disruptive" bzw. „verrückte" Ideen ein, die man als Betroffener in der Regel nicht sieht. Mittlerweile gibt es gut getestete Software-Plattformen, die diesen Prozess unterstützen. Menschen aus vielen Ländern und vielen unterschiedlichen Organisationen können damit gemeinsam Problemlösungswege identifizieren.

5. Priorisierung und Planung

Am Ende der Ideation-Phase stehen meist mehr Ideen als Ressourcen zu ihrer Umsetzung. Daher ist Priorisierung notwendig. Zwei Typen von Priorisierungskriterien lassen sich unterscheiden: Machbarkeit und Wirksamkeit.

Machbarkeit bedeutet Durchführbarkeit, das heißt, ein Lösungsweg steht in Einklang mit den wissenschaftlichen Erkenntnissen sowie rechtlichen, wirtschaftlichen oder anderen Rahmenbedingungen. Machbarkeit drückt sich im Rahmen von Priorisierung in der Regel in qualitativen Metriken aus, zum Beispiel „einfach – kompliziert – komplex", „kurzfristig – mittelfristig – langfristig", „Ressourceneinsatz: gering – mittel – hoch". Wirksamkeit beschreibt die Fähigkeit oder Eigenschaft, eine gewünschte Wirkung hervorzurufen. Um die Wirksamkeit eines Lösungswegs abzuschätzen, können z. B. folgende Kriterien hilfreich sein: „nützlich – nötig – Hindernis auf kritischem Pfad", „Schritt in Richtung Vision: klein – mittel – groß", „Tiefe der Veränderung: gering (aber schnell machbarer Zwischenschritt, der Zeit kauft) – groß (würde direkt zum gewünschten Endergebnis führen, ist aber sehr ressourcenaufwendig)".

Es ist hilfreich, die Ergebnisse der Priorisierung mithilfe einer Pathway-Map zu visualisieren. Eine Pathway-Map wird ähnlich wie die seit Anfang der 2000er-Jahre häufig genutzte Roadmap als Visualisierung einer Strategie oder eines Projektplans genutzt. Sie unterscheidet sich von der Roadmap dadurch, dass sie nicht nur eine Branche abbildet, sondern einen Systemwandel beschreibt. Die erste Pathway-Map wurde im Jahr 2010 vom World Business Council for Sustainable Development zur Visualisierung der VISION 2050 vorgestellt.

6. Adaptive bzw. agile Umsetzung

Projektteams werden ins Leben gerufen und beginnen mit ihrer Arbeit. Während der Umsetzung kann man nicht von Erfahrungen aus der Vergangenheit lernen.

Daher ist es ratsam, regelmäßig die bei der Bestandsaufnahme erhobene Ist-Situation zu aktualisieren. Veränderungen führen, wie bei der agilen Softwareent-
wicklung, zu Anpassungen der nächsten Arbeitsschrit-
te. Mit anderen Worten: Die Umsetzungsarbeit wird
agil und adaptiv gestaltet, in kleinen bewussten
Schritten, mit dem großen gemeinsamen Ziel im Hin-
terkopf.

The Natural Step (TNS)
Im Jahr 1989 gründete Karl-Henrik Robèrt die NGO
The Natural Step (TNS). Nach der Veröffentlichung
des Brundtland-Berichts 1987 entwickelte Robèrt das
TNS-Framework. Er definierte vier System-Bedin-
gungen für die Nachhaltigkeit menschlicher Aktivität
auf der Erde: drei ökologische sowie eine sozio-öko-
nomische. The Natural Step leistete zudem
Pionierarbeit hinsichtlich Backcasting mit den vier
Systembedingungen, die auch als Nachhaltigkeits-
prinzipien bezeichnet werden.

Da die Umsetzung der UN-Nachhaltigkeitsziele als Zwischenschritt der tiefgreifenden Transformation unseres globalen Wirtschaftssystems verstanden werden kann, bietet sich das Backcasting als Planungsmethode an. In einem Sechs-Schritte-Prozess wird dabei ausgehend von der Problemdefinition zunächst von allen Betroffenen eine Vision formuliert, um anschließend hinsichtlich der gemeinsam gewünschten Zukunft die Ist-Situation zu bestimmen. Ideen zur Erreichung der Vision werden priorisiert und unter optimaler Nutzung der jeweils zur Verfügung stehenden Ressourcen umgesetzt. Dabei wird agil gearbeitet, das heißt flexibel auf sich ändernde Rahmenbedingungen reagiert. Neue Erkenntnisse und Erfahrungen werden kontinuierlich wahrgenommen und genutzt.

30 MINUTEN

Welche neuen Aufgaben stellen sich für das Tagesgeschäft?

Welche neuen Anforderungen gibt es an Innovation?

Welche Unternehmenskultur unterstützt die große Transformation?

3. Nachhaltiges Unternehmen

Wachstum war bis vor Kurzem das nicht hinterfragte Credo der Wirtschaft. Unternehmerisches und volkswirtschaftliches Denken und Handeln richtete sich daran aus, Gewinne bzw. das Bruttoinlandsprodukt zu optimieren. Dafür wurden immer wieder unbeabsichtigte negative Begleiterscheinungen hinsichtlich der Ökologie oder sozialen Gerechtigkeit in Kauf genommen. Der Wandel zur nachhaltigen Entwicklung beendet dieses Verhalten.

3.1 Nachhaltiges Tagesgeschäft

Das Tagesgeschäft oder auch operative Geschäft umfasst sämtliche Unternehmensaktivitäten, die im unmittelbaren Zusammenhang mit der Erreichung des Unternehmenszwecks stehen. Es wird in verschiedenen Unternehmensfunktionen oder Abteilungen, z. B. Rechnungswesen und Controlling, Marketing, Vertrieb, Kundenservice, Einkauf, Produktion, IT-Administration, Personalwesen und Unternehmenskommunikation, arbeitsteilig gestaltet. Um effizient und ressourcenschonend zu agieren, folgen die meisten Unternehmen standardisierten Betriebsprozessen. Was muss sich ändern, um das Tagesgeschäft nicht nur finanziell, sondern im Sinne des Brundtland-Berichts und der SDGs nachhaltig zu gestalten?

Erfolgsmetrik

Das Ziel von Unternehmen ist es, mit den angebotenen Waren und Dienstleistungen die Bedürfnisse ihrer Kunden zu bedienen und damit Gewinne zu erzielen. Bislang hat sich der Erfolg eines Unternehmens im Wesentlichen an seiner Profitabilität orientiert. Dies wird sich ändern. Viele namhafte Unternehmensberatungen haben bereits vor einigen Jahren Studien veröffentlicht, in denen sie aufzeigen, wie Unternehmen in Zukunft zu gutem Wachstum beitragen können. Gutes Wachstum unterscheidet sich von schlechtem dadurch, dass

- gleichzeitig ökonomische, ökologische und soziale Wertschöpfung stattfindet,
- Externalitäten eingepreist werden (z. B. CO_2-Steuer),
- berücksichtig wird, dass viele Ressourcen der Natur (z. B. Mutterboden, Phosphor- und Stickstoffkreislauf) knapp und absolut nicht substituierbar sind.

Vertrieb und Kundenbetreuung

Vertrieb und Kundenbetreuung sind klassisch darauf ausgerichtet, auch die impliziten, das heißt die dem Kunden noch nicht bewussten Bedürfnisse zu erspüren und alles zu tun, um eine größtmögliche Kundenzufriedenheit sicherzustellen. Der natürliche Gesprächspartner des Vertriebs ist der operative Einkauf. Der natürliche Gesprächspartner der Kundenbetreuung sind die Nutzer der Produkte in deren Tagesgeschäft. In vielen Unternehmen spielt das Thema Nachhaltigkeit in diesen Umfeldern noch keine bewusste Rolle. Folgende Fragen können helfen, die Kundenbeziehung noch weiter zu vertiefen:

- Wie unterstützen wir unsere Kunden bereits heute darin, einen Beitrag zur Umsetzung der SDGs zu leisten?
- Wie können wir unsere Kunden unterstützen, sich zu einem nachhaltigen Unternehmen zu entwickeln bzw. gemeinsam mit ihnen an der Umsetzung der SDGs arbeiten?

Manche Firmen suchen bereits bewusst nach Lieferanten, die achtsam und nachhaltig agieren. Um für diese erkennbar zu sein, sollten folgende Fragen beantwortet werden:

- Wollen bzw. können wir uns über Nachhaltigkeit differenzieren?
- Wenn ja: wie und warum?

Operativer Einkauf

Der operative Einkauf hat einen großen Einfluss auf die Versorgung des Unternehmens mit allen zur Wertschöpfung notwendigen Materialien und Dienstleistungen. Kostenmanagement ist ein zentrales Thema. Nimmt man das Thema Nachhaltigkeit ernst, müssen jedoch neben der Kostenoptimierung auch ökologische und soziale Kriterien zur Lieferantenwahl herangezogen werden. Neue Fragen für den Einkauf sind:

- Entscheiden wir uns für die nachhaltigere Alternative, z. B. grüner Strom, Recyclingpapier?
- Wie nachhaltig agieren unsere Lieferanten?
- Könnten wir uns gemeinsam weiterentwickeln?
- Sind wir bereit, uns von Lieferanten zu trennen, die nicht nachhaltig agieren?

(Digitale) Infrastruktur

Einen direkten Einfluss haben viele Unternehmen bei der Gestaltung ihrer Infrastruktur. Konzerne haben beispielsweise durch die Wahl ihrer Stromversorgung, ihrer Gebäude oder ihres Fuhrparks große Veränderungshebel. Auch die Gestaltung der IT-Infrastruktur birgt großes Potenzial für nachhaltiges Handeln. Green

IT befasst sich explizit mit der CO_2-Optimierung. Dabei geht es um niedrigen Energieverbrauch, modulare Konzepte, ggf. Auslagerung von Rechenkapazität in größere, besser skalierbare Rechenzentren. Außerdem kann man den Zyklus, in dem Rechner modernisiert werden, sowie die Wahl der Standardsoftware kritisch hinterfragen. Die Art, wie die IT-Infrastruktur gewartet, neue Software eingeführt und auf Nutzerfragen reagiert wird, hat einen großen Einfluss auf das Wohlbefinden und die Weiterentwicklung der Mitarbeiter, also auf SDG 3 und 4.

Wohlbefinden der Mitarbeiter

Mitarbeiter, die sich wohlfühlen, sind bekanntermaßen eine wesentlicher Erfolgsfaktor in Unternehmen. Daher ist es sinnvoll, das Wohlergehen der Mitarbeiter in den Fokus zu stellen. In Zukunft wird es nicht mehr ausreichen, die gesetzlichen Vorgaben umzusetzen. Einige in der Praxis gelebte Beispiele für Aktivitäten, die das Wohlbefinden der Mitarbeiter fördern:

- Möglichkeit zur Grippeschutzimpfung und ärztlicher Vorsorgeuntersuchung in der Firma
- Sportangebote, bewegte Pause
- E-Bike-Leasing
- Bereitstellung höhenverstellbarer Schreibtische bei Indikation
- Fort- und Weiterbildungsangebote inkl. Persönlichkeitsentwicklung
- Kantine mit Bio- und vegetarischen Gerichten

- Arbeitszeitmodelle, die die Vereinbarkeit von Privatleben und Beruf ermöglichen

Kommunikation

Tue Gutes und rede darüber! Dieses Motto lässt sich nur umsetzen, wenn es eine gute Transparenz über das unternehmerische Tun und seine Wirkungen gibt. Oft sind sich Unternehmen nicht bewusst, welche Wirkungen sie mit welchen Mitteln erzielen. Der Geschäftsbericht gibt zwar eine Übersicht über die finanziellen Kennzahlen eines Unternehmens, berichtet aber nicht über ökologische oder soziale Beiträge. Immer mehr Unternehmen veröffentlichen zu diesem Zweck Nachhaltigkeitsberichte. Für Konzerne ist dies mittlerweile eine Vorgabe. Nachhaltigkeit spielt zudem eine stetig wichtigere Rolle in der Positionierung von Unternehmen auf ihren Websites oder in Produktinformationen. Greenwashing, also reine Marketing- oder PR-Aktivitäten, die nicht durch unternehmerisches Handeln unterbaut sind, sollte jedoch in jedem Fall vermieden werden.

Eine sehr große Rolle spielt die interne Kommunikation mit einer authentisch gelebten Feedback-Kultur. Sie sollte den Mitarbeitern verdeutlichen, dass sich Nachhaltigkeit im Unternehmen nicht darauf beschränkt, weniger zu drucken oder Flüge durch Bahnreisen oder Videokonferenzen zu ersetzen, sondern dass meist der größte Hebel darin besteht, mit den eigenen Produkten die Kunden in ihren Nachhaltigkeitsaktivitäten zu unterstützen.

Es gibt viele Möglichkeiten, das Tagesgeschäft nachhaltiger zu gestalten. Nachhaltige Lieferketten, Green IT, Feedback-Kultur etc. sind viel diskutierte Ansätze. Um diese umzusetzen, müssen sich die verschiedenen Funktionen mit neuen Fragestellungen beschäftigen, was jedoch auch Zielkonflikte und Dilemmata mit sich bringt.

30

3.2 Nachhaltige Innovation

„Innovation" ist vom lateinischen Verb „innovare" („erneuern") abgeleitet. Lange Zeit war der Begriff eng an den Typ Fortschritt gekoppelt, der mit der Ausbreitung der Kondratjew'schen Basistechnologien verbunden war (technologiegetriebene Innovation). Seit Beginn des Jahrtausends erweitert sich der Innovationsbegriff. Heutzutage umfasst er beispielsweise auch Veränderungen in den Einkaufsbeziehungen, der Unternehmenskommunikation, des Geschäftsmodells und der allgemeinen Lebensgestaltung. Der Wandel hin zu nachhaltigerem Wirtschaften fordert Innovation in vielen Facetten.

Geschäftsmodell
Ein Geschäftsmodell beschreibt die Art und Weise, wie ein Unternehmen Gewinne erwirtschaftet. Es hilft, die Schlüsselfaktoren des Erfolgs oder Misserfolgs zu verstehen, zu analysieren und zu kommunizieren. Ändert

sich, wie im letzten Kapitel beschrieben, die Erfolgsmetrik, wird sich auch das Geschäftsmodell ändern. Dies ist eine sehr tiefgreifende Innovation, da sie in der Regel alle Unternehmensprozesse und -funktionen betrifft. Sie muss sehr sensibel kommuniziert werden und erfordert einen gut orchestrierten Veränderungsprozess, in den alle Mitarbeiter, wenn möglich von Anfang an, eingebunden sind. Grundsätzlich ist zu beachten, dass Unternehmen immer auch finanziell nachhaltig, das heißt profitabel sein müssen. Jedoch maximieren nachhaltige Geschäftsmodelle nicht ausschließlich den finanziellen Erfolg, sondern optimieren multiple Nutzen, z. B. Kunden-, ökologischen und sozialen Nutzen unter der Randbedingung von gesunder unternehmerischer Profitabilität. Aus einer Maximierungsaufgabe wird eine multidimensionale Optimierungsaufgabe. Es gibt bereits seit einiger Zeit Unternehmensformen, die erkennbar Nachhaltigkeit in ihren Unternehmenszweck integriert haben, z. B. B-Corp (Benefit Corporation), gemeinnützige GmbH oder Unternehmen, die sich gemäß den Prinzipien der Gemeinwohlökonomie organisieren.

Neue Kompetenzen

Um innerhalb eines Unternehmens diese multidimensionale Optimierungsaufgabe umzusetzen, werden neue Kompetenzen benötigt. Manche sind bereits vorhanden, andere erst durch Pioniere in der Entwicklung und Erprobung. Weitere werden vermutlich in den nächsten Jahren notwendig werden. Die Folgenden werden bereits diskutiert:

Systemische Problemdefinition

Eine systemische Problemdefinition erfordert die Einbeziehung aller Betroffenen und die Verständigung auf einen handhabbaren Projektumfang. Unter anderem gilt es folgende Fragen zu klären:

- Welchen Umfang hat das betrachtete Problem? Wenn es zu eng definiert ist, vernachlässigt man wichtige Einflussfaktoren. Ein zu weiter Umfang führt leicht zu nicht beherrschbarer Komplexität.
- Welche Teilnehmer sind Betroffene, Entscheider, Lösende, Moderatoren, Mediatoren, Übersetzer? Welche Rollen brauchen wir, damit der Prozess gut gestaltet werden kann?
- Welche Kommunikationsprobleme können entstehen aufgrund unterschiedlicher beruflicher Erfahrungen (multidisziplinär), Zugehörigkeit zu unterschiedlichen Branchen oder Gesellschaftsgruppen (Multi-Stakeholder), Zugehörigkeit zu verschiedenen nationalen kulturellen Hintergründen (multinational)?
- Gibt es Forschungsprojekte, an denen wir uns beteiligen können und sollten?
- Welche Trends und Entwicklungen, denen wir bislang zu wenig Beachtung geschenkt haben, sollten wir in Zukunft beobachten?

Im Rahmen des Innovationsmanagements sollte der Schritt systemische Problemdefinition bewusst als eigener Prozessschritt am Beginn des Innovationsprozesses gestaltet werden. Er braucht ein klar definiertes Budget, in dem Reise-, Raum- und Moderationskosten enthalten sind, sowie die Finanzierung eines Koordinationsteams. Zunehmend wird dies durch entsprechende öffentliche Fördermittel ermöglicht. Im Prinzip können hier die Methoden des Design Thinking angewendet werden, wenn sie die Gesellschaft bzw. Umwelt als „Kunden" berücksichtigen.

Innovationskriterien für nachhaltige Innovation

Innovationskriterien für nachhaltige Innovation können bestehende Kriterien ergänzen. In vielen Unternehmen gibt es Checklisten, die bei der Produktentwicklung genutzt werden. Diese können mit relativ wenig Aufwand um ökologische und soziale Parameter erweitert werden. Wichtig ist in diesem Zusammenhang auch, deutlich zu machen, was in Zukunft gestoppt wird. Ein prominentes Beispiel dafür ist die Nutzung einer roten Liste für bestimmte hochtoxische chemische Substanzen.

Multidimensionales Rechnungswesen

Ein multidimensionales Rechnungswesen und Controlling ist die Grundlage für die ganzheitliche bzw. systemische Erfolgsmessung. Dafür muss die derzeit eindimensional auf finanziellen Kennzahlen fixierte, also monetarisierte doppelte Buchführung um ökologische und soziale bzw. gesellschaftsrelevante Parameter erweitert werden.

Kennzahlen durchlaufen in der Regel folgende Evolution: qualitativ → quantifiziert → monetarisiert. Ob eine Kennzahl monetarisiert werden sollte, und wenn ja, wie dies geschieht, ist ein sehr langwieriger gesellschaftlicher Abstimmungsprozess. Bei diesem müssen oft viele ethische Fragen geklärt werden, z. B. der Wert von Mutterboden, der Wert von nicht ausgestoßenem CO_2, der Wert von Vertrauen.

Messung und Monitoring

Sollte Einigkeit über sinnvolle Kennzahlen bestehen, ergibt sich das nächste Problem: Wie werden sie gemessen und welche Regelmechanismen können installiert werden? Hier geht also um die Messung und das Monitoring der nachhaltigkeitsrelevanten Kennzahlen.

Ambiguitätstoleranz

Ambiguitätstoleranz, auch Unsicherheits- bzw. Ungewissheitstoleranz genannt, ist die Fähigkeit, widersprüchliche Handlungen zu ertragen und mit mehrdeutigen Situationen umzugehen. Bereits heute haben Führungskräfte die Aufgabe, Informationen, die schwer verständlich oder sogar inakzeptabel erscheinen, wahrzunehmen, ohne aggressiv oder undifferenziert darauf zu reagieren. Sie müssen zunehmend gelassen mit Dilemmata und Paradoxien umgehen und in der Lage sein, Entscheidungsprozesse als gute Abwägungsprozesse zu gestalten.

Partnering

Der Unterschied zwischen einer Partnerschaft und Partnering liegt in der Qualität der Zusammenarbeit. Vergleichbar ist das mit dem Unterschied zwischen einer Freundschaft und einer Ehe bzw. Lebensgemeinschaft. Beim Partnering geht es um die Gestaltung einer sehr vertrauensvollen, langfristigen Geschäftsbeziehung. Den Kern dieser Geschäftsbeziehung bildet das gemeinsame Ziel, das kein Partner allein erreichen könnte. Es gilt das Prinzip: 1 + 1 > 2. Alle Partnering-Parteien gewinnen durch die Zusammenarbeit. Es wird eine Win-win-Situation gelebt. Dafür teilen sie offen Risiken und Erträge. In der Partnering-Beziehung bringt jede Partei ihre Stärken sowie gemäß klarer Absprachen andere Ressourcen und finanzielle Mittel ein. Rollen und Verantwortlichkeiten werden klar definiert und während des Prozesses kontinuierlich reflektiert.

Pioniering

Die Transformation zu einem nachhaltigen Wirtschaftssystem ist für uns alle ein unbekannter Prozess. Es gibt keine Patentrezepte, die Erfolg versprechen. Gemeinsam müssen wir uns aufmachen und Neuland entdecken. Dies geschieht oft mit Methoden und Werkzeugen, die entwickelt wurden, um Bekanntes zu optimieren.

Gut ist: Wir sitzen alle im selben Boot. Unglücklich ist: Wir sind eingebunden in einen Alltag, der in scheinbar immer kürzerer Zeit immer mehr Ergebnisse fordert. Wo bleibt da die Zeit zum Luftholen und Begreifen, was zu tun ist?

„Gute Manager stellen effizient Produkte her, beliefern ihre Kunden und schließen Fabriken", sagte mir vor einigen Jahren ein Topmanager. Erfolg und Ergebnis in der „alten Welt" hängen ab von Effizienz, Optimierung und Kontrolle bestehender Prozesse und Abläufe. Effizient gefertigte Produkte werden mittels optimierter Logistik über gut ausgebaute Transportwege – Autobahnen, Schienennetze, Schifffahrt – von der Produktionsstätte zum Kunden gebracht.

Aber: Nachhaltige Innovation stellt alles Bekannte auf den Kopf. Die Aufgabe besteht darin, den Mut zu entwickeln, Neuland zu betreten. Metaphorisch gesprochen bedeutet dies: Statt sich in Lkw auf Autobahnen zu bewegen, gilt es, einen Weg durch einen Dschungel zu finden. Es gibt keine befahrbare Straße, hinter jedem Busch kann ein unbekanntes Tier lauern oder ein Sumpfloch. Überleben hängt hier ab von Pioniergeist, Anpassungsfähigkeit und Vertrauen.

Servant Leadership

Dienende Führung führt laut einer 2015 veröffentlichten Studie zu einer sehr großen Mitarbeiterzufriedenheit. Sie ist insbesondere in Zeiten großer Veränderung und Unsicherheit hilfreich, um viele Menschen in den Wandel einzubeziehen, ihnen zu helfen, Ängste zu überwinden und eigene, ihnen unbewusste Ressourcen zu aktivieren.

Der von Robert Greenleaf entwickelte Servant-Leadership-Ansatz beinhaltet eine kompromisslose Ausrichtung der Führung an den Interessen der Geführten. Er ist der Ausdruck einer inneren Haltung der Führungskraft, die sich in den Dienst der Entfaltung von Leben stellt.

> **Greenleafs 10 Prinzipien von dienender Führung**
> Zuhören, Empathie, Gesundung, Achtsamkeit, Überzeugung, Konzeptbildung, Weitsicht, Verantwortlichkeit, Einsatz für Mitarbeiterentwicklung, Förderung der Gemeinschaft.

30 *Die Transformation zur Nachhaltigkeit erfordert Innovation auf allen Ebenen der Unternehmensführung. Gefordert sind auch neue Kompetenzen, nicht zuletzt Ambiguitätstoleranz. Dilemma-Management und Umgang mit Paradoxen sind ebenso wichtig wie die Fähigkeit, mit Komplexität, hoher Dynamik und Unsicherheit umzugehen.*

3.3 Achtsamkeit im Unternehmen

Der Begriff Achtsamkeit hat zwei Bedeutungen: Er wurde und wird viel genutzt im Zusammenhang mit der Versorgung (engl. „care") von Schwachen, Kranken und

Sterbenden. In diesem Zusammenhang bezeichnet man die Aufmerksamkeit für die Bedürfnisse anderer Menschen als Achtsamkeit.

Die zweite Bedeutung des Begriffs kommt aus der Spiritualität und charakterisiert einen besonderen Wahrnehmungs- und Bewusstseinszustand. Es geht um die Fähigkeit, sich auf das Erleben des gegenwärtigen Augenblicks einzulassen, während man der eigenen Aufmerksamkeit gegenüber bewusster wird. Erweitert man diese Fähigkeit auf Organisationen, so geht es dabei um die Fähigkeit eines Systems, sich selbst zu sehen.

Unternehmen, in denen Achtsamkeit eine große Rolle spielt, zeichnen sich dadurch aus, dass ihre Führungskräfte sinnstiftend führen. Dort gibt es außerdem einen klar definierten, sinnstiftenden Unternehmenszweck. In der Management-Literatur wird dies derzeit auch unter dem Stichwort Purpose-driven Organization diskutiert.

Bewusst SDG-orientiert wertschöpfen

Die vielen Fragen und Hinweise aus den letzten beiden Kapiteln können Unternehmen helfen, sich selbst zu reflektieren und auf diese Weise ihr Handeln und Wirken zu sehen. Wenn Sie ein Unternehmen in Richtung nachhaltige Wertschöpfung weiterentwickeln wollen, kann es sinnvoll sein, die Matrix auf der folgenden Seite als Kommunikations- und Mappingwerkzeug zu verwenden.

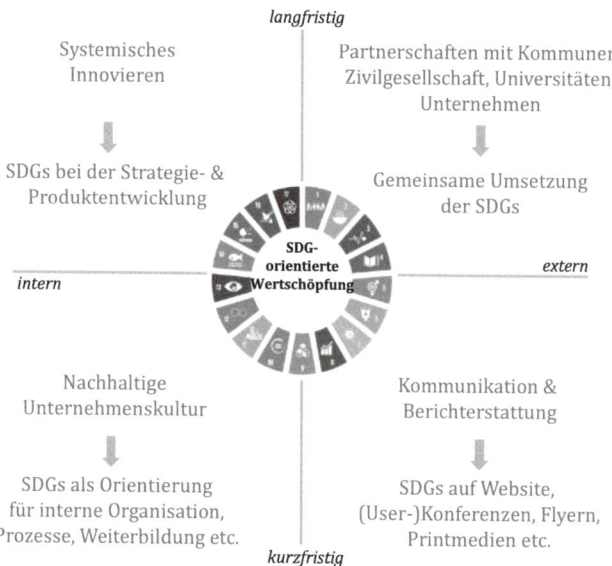

Abb. 7: Matrix der SDG-orientierten Wertschöpfung.

Auf dieser Matrix lassen sich alle soeben diskutierten Fragestellungen abbilden. Zudem kann sie helfen, die bereits vorhandenen nachhaltigkeitsrelevanten Aktivitäten zu kartografieren. Wie die meisten Strategiematrizen wird sie durch zwei Achsen aufgespannt: Eine Zeitachse formt die Vertikale, eine Organisationsachse die Horizontale. In die beiden unteren Felder gehören die Themen und Fragestellungen, die das operative Tagesgeschäft betreffen (Kap. 3.1). In die beiden oberen Felder gehören die Themen und Fragestellungen, die die nachhaltige Innovation betreffen (Kap. 3.2).

Nachhaltige Organisationskultur

Jede Organisation, also auch jedes Unternehmen, bildet eine Kultur, die das kollektive Verhalten und das Verhalten der Einzelnen bestimmt. Sie ist das Resultat des Zusammenspiels von Werten, Normen, Denkmustern und Grundannahmen wie Welt- oder Menschenbildern, die alle Mitarbeiter meist unbewusst miteinander teilen. Die Kultur prägt sowohl das Zusammenleben innerhalb einer Organisation als auch ihre Außenwirkung.

Was ist Organisationskultur?
Der Sozialwissenschaftler Edgar Schein definiert Organisationskultur als *„ein Muster gemeinsamer Grundprämissen, das die Gruppe bei der Bewältigung ihrer Probleme externer Anpassung und interner Integration erlernt hat, das sich bewährt hat und somit als bindend gilt; und das daher an neue Mitglieder als rational und emotional korrekter Ansatz für den Umgang mit Problemen weitergegeben wird"*. (Schein, 2010, zitiert nach Wikipedia, „Organisationskultur") Er unterscheidet drei Ebenen:

1. Symbole und Zeichen: Sprache, Rituale, Kleidung, Umgangsformen. Diese sind sichtbar, aber interpretationsbedürftig.
2. Normen und Standards: Maximen, „Ideologien", Verhaltensmaßgaben, Verbote. Diese sind teils sichtbar, teils unbewusst.
3. Basisannahmen: Weltbild, Umweltbezug, Zeit/ Wahrheit, das Wesen des Menschen, soziale Beziehungen, das Wesen menschlicher Beziehungen. Diese sind unsichtbar und meist nicht bewusst.

Heutzutage ist die Sprache in Unternehmen in der Regel sehr auf Produktivität und Effizienz ausgerichtet. Viele Basisannahmen stehen im Widerspruch zu dem zur Umsetzung der SDGs notwendigen Kurswechsel, z. B. der Wachstumsmythos oder die Erfolgsmetrik. Um ein Unternehmen darauf auszurichten, profitabel Beiträge zur Umsetzung der SDGs zu leisten, ist es notwendig, die Basisannahmen bewusst zu machen und ggf. im Sinne der Brundtland-Nachhaltigkeit zu verändern.

Nachhaltigkeitskommunikation

Die Agenda 2030, ausgedrückt in den 17 SDGs, definiert einen globalen Handlungsrahmen. Gleichzeitig definiert sie mit ihren 169 Unterzielen einen Zielkanon. Unzählige Organisationen und Unternehmen arbeiten seit 2016 an ihrer Umsetzung. Konzerne sind schon seit Längerem dazu verpflichtet, einen Nachhaltigkeitsbericht zu veröffentlichen. Viele Konzerne nutzen die SDGs für diese Berichterstattung und viele veröffentlichen integrierte Geschäftsberichte, das heißt, das Berichtswesen unterscheidet nicht mehr zwischen dem finanziellen Geschäftsbericht und dem Nachhaltigkeitsbericht, sondern hat diese beiden Dokumente zusammengeführt. Es gibt verschiedene international anerkannte Regularien für die Erstellung solcher Berichte, z. B. von der Global Reporting Initiative (GRI).

Die SDG-Symbole sind mittlerweile oft in der Unternehmenskommunikation anzutreffen. Sie bilden eine universelle Sprache, die Menschen aus aller Welt und verschiedensten Arbeitsfeldern hilft, sich schnell und intuitiv über ein Thema zu verständigen. Die Kacheln dürfen von jedermann unter Berücksichtigung von online verfügbaren Design Guidelines genutzt werden.

Systemwandel gestalten

Nachhaltige Entwicklung im Sinne des Brundtland-Berichts und der Agenda 2030 beschreibt einen weiteren Entwicklungsschritt der Menschheit. Angestrebt wird eine Welt, in der die Menschenwürde und das Wohl des Planeten Erde überall und jederzeit der Kompass für politisches, gesellschaftliches, ökonomisches, individuelles Entscheiden und Handeln ist.

> **Die große Transformation**
> Uwe Schneidewind vom Wuppertal Institut fasst in seinem Buch *Die Große Transformation* Nachhaltigkeit als kulturelle Revolution auf. Er stuft sie als zentrales Zivilisationsprojekt des 21. Jahrhunderts ein und beschreibt sieben Wenden, die in den nächsten Jahrzehnten in Deutschland zu gestalten sind: Wohlstands- und Konsumwende, Energiewende, Ressourcenwende, Mobilitätswende, Ernährungswende, urbane Wende und industrielle Wende.

Systemwandel sind tiefgreifende Veränderungen unbewusster etablierter Denkmuster und Organisationsstrukturen. Eine Schwierigkeit besteht dabei darin, den Lock-in-Effekt zu überwinden. Dieser Begriff wird meist im Marketing genutzt, um eine enge Kundenbeziehung zu beschreiben, die dadurch entsteht, dass die Wechselkosten oder andere Barrieren den Wechsel zu einem anderen Anbieter erschweren. Lock-in-Effekte sind auch gesamtgesellschaftlich zu sehen. Die öffentliche Diskussion zeigt deutlich die vielfältigen Wechselbarrieren, die mit der Energiewende verbunden sind: Windräder ja, aber nicht in meinem Vorgarten. Photovoltaik auf meinem Dach ja, aber nicht, wenn ich sie nicht selbst nutzen kann. Offshore-Windparks ja, aber keine Stromtrasse quer durch Deutschland. Kohleausstieg ja, aber was ist mit den Arbeitsplätzen? CO_2-Bepreisung ja, aber welcher Preis ist angemessen?

Wir Menschen sind Gewohnheitstiere, die Veränderung zwar begrüßen, wenn sie selbst gewählt ist, aber ablehnen, wenn sie uns „aufgezwungen" wird. Was können wir tun, um die anstehenden Veränderungen zu gestalten, anstatt sie zu ertragen? Klarheit über die gewünschte Zukunft und das Vertrauen, den Veränderungsweg gemeinsam zu meistern, ermöglichen eine tiefgreifende Haltungsänderung. Etwas, das zunächst als Angst machende Herausforderung oder Störung wahrgenommen wurde, kann genauso gut eine Chance für Wachstum und Entwicklung sein.

Systemisches Innovieren

Jede Innovation ist ein Kommunikations- und Kooperationsprozess: Welche Probleme in welchem Kontext lösen wir auf welche Art? Dies ist die Basisfrage für systemische Innovation. Sie legt den Fokus zu Beginn nachdrücklich auf Problemdefinition im Dialog aller Betroffenen und Beteiligten, nutzt unter anderem Konsentbildung zur Entscheidungsfindung und definiert die gewünschten Wirkungen der Lösung.

Problemdefinition

Um ein Problem nachhaltig, das heißt unter Berücksichtigung der ökologischen Grenzen und sozialen Ziele, zu definieren, ist es notwendig, das Problem in seinem Kontext zu begreifen und zu beschreiben. Wo kommt es her? Welche Facetten hat es? Welche Einflussfaktoren begünstigen bzw. vermindern es? Welche Interessen, Bedarfe, Wertvorstellungen spielen eine Rolle? Was ist der gewünschte Zielzustand? Oft liegt das eigentliche Problem an einer anderen Stelle als die sichtbaren Symptome. Es ist wichtig, bei der Problemdefinition alle Betroffenen einzubeziehen. Dies ist ein Prozess, dem viel Aufmerksamkeit geschenkt werden muss. Erst wenn alle ein Bild des gemeinsam gewünschten Ziels geformt haben, sollte begonnen werden, den Lösungsweg zu finden. Blinder Aktionismus kann das Problem verschärfen.

Dialog

Ein Dialog ist eine Gesprächsform, in der die Teilnehmer darauf bedacht sind, ein gemeinsames Verständnis des Themas zu erlangen. Dabei wird die Sichtweise jedes Teilnehmers vorurteilsfrei und als gleichwertig wahrgenommen. Dies führt zu neuem, tieferem Verständnis der Situation und Vertrauensbildung zwischen den Teilnehmern. Dialogprozesse erfordern erfahrene Moderatoren oder sehr selbstreflektierte Teilnehmer.

Wirkungsorientierung

Anders als im klassischen Innovationsprozess wird der Erfolg einer systemischen Innovation nicht an der Verfügbarkeit und am Markterfolg eines Produktes gemessen, sondern an der Summe der Wirkungen während der Nutzung des Produkts. Positive Wirkungen sind die generierten Nutzen, z. B. Schutz vor Sonnenbrand bei Sonnencreme. Negative Wirkungen sind die unerwünschten Nebenwirkungen, z. B. Erzeugung von Plastikmüll durch die Sonnencremeflasche. Alle möglichen Wirkungen werden während des Innovationsprozesses identifiziert und gegeneinander abgewogen. Das Ergebnis ist die ökologisch, sozial, ökonomisch und kundenorientiert wirkungsvollste Lösung.

Konsent

In Situationen, in denen viele Parteien unterschiedliche Bedürfnisse und Perspektiven haben, besteht die Gefahr von endlosen Kreisdiskussionen. Um dennoch in sinnvoller Zeit zu Entscheidungen zu kommen, ist es ratsam, statt auf Konsens auf Konsent zu setzen:

- Entscheidungen werden von *einer* Person getroffen, die sich dafür die notwendigen Informationen bei allen relevanten Beteiligten einholt.

- Begründbare und relevante Einsprüche (wenn möglich mit besseren Alternativen) können während der Erarbeitungsphase der Entscheidung eingebracht werden.
- Der Entscheider verantwortet die Umsetzung oder delegiert mit Rückmeldung an das Team.

Voraussetzung von Konsent-Entscheidungen sind das Vertrauen aller Beteiligten und der Verantwortungs- und Umsetzungswille des Entscheiders. Konsent wird zunehmend in agilen, selbstorganisierten Teams genutzt.

SDG-orientiertes Wertschöpfen umfasst vielfältige Möglichkeiten, wie Unternehmen nachhaltig handeln können. Dabei bleibt Profitabilität eine notwendige Randbedingung.
Systemische Innovation beginnt stets mit einer Problemdefinition, in die alle Betroffenen einbezogen sind. Um hier in absehbarer Zeit zu Entscheidungen zu kommen, ist es hilfreich, auf Konsent statt auf Konsens zu setzen.
Die UN-Nachhaltigkeitsziele können als Inspiration zur Entwicklung einer nachhaltigen Unternehmenskultur dienen. Nachhaltige Entwicklung kann als tiefgreifende kulturelle Revolution aufgefasst werden.

30 MINUTEN

4. Neues Wissen, neue Werkzeuge

Systemwandel wird stets gespeist von neuem Wissen, neuen Methoden und neuen Werkzeugen. Die Transformation zur nachhaltigen Entwicklung wird schon seit gut 30 Jahren gefordert. Jetzt endlich wird sie möglich und wahrscheinlich. In den letzten Jahrzehnten gab es in vielen wissenschaftlichen Disziplinen Erkenntnis-Durchbrüche, die für den Systemwandel nützlich sind. Diese sind in einer Vielzahl neuer (auch sozialer) Technologien, Management-Methoden, Kommunikations- und Kollaborations-Werkzeugen weiterentwickelt und erprobt worden.

4.1 Deep Data – sinnvolle Ziele

Am Beginn einer jeden Veränderung steht die Frage: Was soll später anders sein als jetzt? Anders ausgedrückt: Von wo aus aus wollen wir uns wohin entwickeln? Dies ist eine Frage der Intention, des Wollens. Vor ihrer Antwort steht aber die Frage der biologischen Wurzeln menschlicher Erkenntnis. Denn nur was mir bekannt ist, kann ich ändern.

Leben heißt Wissen

Ende der 1960er-Jahren definierten Humberto Maturana und Francisco Varela im Rahmen der Santiago-Theorie, einer systemischen Theorie des Lebens, den Geist bzw. die Kognition als den eigentlichen Prozess des Lebens. Demnach hat jedes Lebewesen die Fähigkeit zur Kognition, das heißt zur Wahrnehmung und Reaktion auf die Außenwelt. Zu den kognitiven Fähigkeiten eines Menschen zählen:

- Wahrnehmung und Aufmerksamkeit,
- Erinnerung und Lernen,
- Kreativität, Vorstellungskraft, Problemlösung
- Planen, Orientieren, Strukturieren
- Argumentieren,
- Selbstbeobachtung,
- Wollen und Glauben.

Zudem hat jedes Lebewesen ein charakteristisches Organisationsmerkmal: die Autopoiese. Es beschreibt ein

Lebewesen als kontinuierlichen Prozess der Selbster-schaffung und Selbsterhaltung des Gesamtsystems. Bislang war es üblich, Leben durch die Aufzählung einzelner Eigenschaften, z. B. Beweglichkeit oder Reizbarkeit von Zellen, zu charakterisieren. Durch die Autopoiese lassen sich lebende von nicht lebenden Systemen unterscheiden.

Die Mind-and-Life-Dialoge
1987 war Varela wissenschaftlicher Koordinator und Moderator des ersten Mind-and-Life-Dialogs. Dort treffen sich seitdem jährlich die sich früher sehr fremden Welten westlicher Wissenschaftler und spiritueller Führer der östlichen Philosophien. Sie tauschen sich über grundsätzliche Lebens- und Bewusstseinsfragen aus.

Potenzialentfaltung

Neue Erkenntnisse der Hirnforschung weisen darauf hin, dass sich unser Gehirn unser Leben lang weiterentwickelt. Gespeist durch Freude und Begeisterung können wir bis ins hohe Alter in sehr kurzer Zeit sehr viel Neues lernen. Dominieren im Leben jedoch Ängste, Resignation oder Konkurrenzkampf, funktioniert unser Gehirn zwar noch, aber es entwickelt sich nicht weiter. Leider ist derzeit in der westlichen Welt ein rasanter Anstieg stressbedingter Krankheiten zu beobachten, die die betroffenen Menschen an ihrer Potenzialentfaltung hindern. Es gibt aber auch eine stetig wachsende Anzahl von Methoden zur Stressbewältigung und zum

Umgang mit den eigenen Emotionen. Vielfältige Methoden der Persönlichkeitsentwicklung, Selbstwahrnehmung und Meditation werden genutzt, um die persönliche Resilienz und damit das Wohlbefinden zu steigern.

Schule im Aufbruch
Der deutsche Neurobiologe Gerald Hüther gründete gemeinsam mit der Lehrerin Margret Rasfeld und dem Rechtswissenschaftler Stephan Breidenbach im Jahr 2012 „Schule im Aufbruch". Das Netzwerk setzt sich für eine ganzheitliche und transformative Bildung in Anlehnung an den *Weltaktionsplan Bildung für Nachhaltige Entwicklung* der UNESCO ein. Es geht um individuelle Potenzialentfaltung und Verantwortungsübernahme für sich selbst, für die Mitmenschen und für unseren Planeten.

Von der Zukunft lernen

Claus Otto Scharmer, Mitbegründer des Presencing Institutes am MIT in Cambridge, Massachusetts, unterscheidet zwei grundsätzlich verschiedene Arten zu lernen:

- Lernen, indem man über die Vergangenheit reflektiert und damals Erfolgreiches nutzt.
- Lernen, indem man emergente, das heißt entstehende Zukunftsmöglichkeiten erspürt und gestaltet.

Wie aber soll das gehen? Eine der großen Besonderheiten von uns Menschen ist unsere Vorstellungskraft. Sie ermöglicht es uns, ein Bild von etwas zu entwickeln, das noch nicht da ist, und dann Wege zu finden, diese

Vision Realität werden zu lassen. Anders ausgedrückt: Wir können (Verhaltens-)Muster aus der Vergangenheit erkennen, durchbrechen und neue Muster entstehen lassen.

Blinde Flecken erkennen

In der Sozialpsychologie bezeichnet der blinde Fleck die Teile des Selbst, die von einer Persönlichkeit nicht wahrgenommen werden. Zahlreiche Methoden der Persönlichkeitsentwicklung und spirituelle Praktiken erlauben die Beleuchtung der blinden Flecken, die Lösung der dort verborgenen Konflikte und die Nutzung der dort vorhandenen Ressourcen.

Nicht nur Persönlichkeiten, sondern auch Gruppen, Organisationen und Gesellschaften haben blinde Flecken. Diese verbergen sich im sozialen Feld und sind die unbewussten kulturellen Annahmen, nicht diskutierte Wertvorstellungen und aufgrund unterschiedlicher Lebenserfahrung oder Ausbildung entstandene Denkmuster. So haben beispielsweise Physiker und Soziologen sehr unterschiedliche Vorstellungen bei der Nutzung des Begriffs „Arbeit".

Soziales Feld nach Scharmer
„Ein soziales bzw. kognitives Feld ist der Ausdruck der Qualität von Beziehungen, die zu Mustern des Denkens, Kommunizierens und Organisierens führen, die ihrerseits praktische Resultate hervorbringen." (Scharmer, 2019, S. 31)

Theorie U: 7 Arten der Aufmerksamkeit

Zu Beginn dieses Jahrtausends gab es einen blinden Fleck hinsichtlich des Phänomens „soziales bzw. kognitives Feld". Heute ist bekannt, dass es sich wahrnehmen und ändern lässt. Der am MIT von Scharmer und seinen Kollegen entwickelte U-Prozess ist eine mittlerweile gut erprobte Methode. Sie hilft, das alte, nicht mehr hilfreiche kollektive Verhalten zu erkennen und neues, dem Ziel der nachhaltigen Entwicklung angemesseneres Verhalten zu entdecken und zu erlernen. Der Prozess besteht aus sieben Schritten:

1. Innehalten und sich der Routinen bewusst werden.
2. Mit neuen Augen (vorurteilsfrei) wahrnehmen.
3. Wahrnehmung auf Gefühle, Denkmuster etc. vertiefen.
4. Presencing: still werden, erspüren, was gerade da ist, und dies gut sein lassen, Neues kommen lassen.
5. Verbindung des Neuen mit der eigenen Vision und Intention.
6. Bildung von Prototypen (ein Prototyp hilft, die Zukunft im Tun zu konkretisieren und erproben).
7. Verwirklichen, indem wir das neue Verhalten, das andersartige Tun in der Welt umsetzen.

Groß denken – in kleinen Schritten handeln

Dieser Prozess kann als soziale Innovation verstanden werden. Er ist skalierbar. Er hilft Individuen und Gruppen, sich ihr eigenes Verhalten, ihre Intention und ihre Ziele zu vergegenwärtigen. Er ermöglicht die Entwicklung von kollektivem Bewusstsein, die Definition sinnvoller, umsetzbarer Ziele und die Änderung sozialer Felder. Seit 2015 lädt das MIT jährlich zur Teilnahme an Massive Open Online Courses (MOOCs) ein und bildet damit ein schnell wachsendes Netzwerk von Change Agents. Die kluge Nutzung digitaler Technologien ermöglicht dies.

Leben verändert sich nie isoliert, sondern immer in Wechselwirkung, das heißt durch gemeinsames Lernen mit seinem Umfeld. Lebenslanges Lernen wird von Freude und Begeisterung genährt. Der U-Prozess beschreibt eine Methode, mit der man von der entstehenden Zukunft lernen kann. Dies ist notwendig, um Systemwandel zu gestalten.

4.2 Big Data – informierte Entscheidungen

Seit einigen Jahren schwirrt ein neues Buzz-Wort durch die öffentlichen Medien: Big Data. Was verbirgt sich dahinter? Wo kommen die vielen neuen Daten her? Können sie uns nützlich sein, um die Transformation zur Nachhaltigkeit zu gestalten?

Big Data
Bei Big Data (deutsch „Massendaten") geht es um große, komplexe, sich schnell ändernde Datenmengen. Sie

sind meist zu schwach strukturiert, um sie mit herkömmlichen Datenverarbeitungsmethoden auszuwerten. Dem Begriff werden zunehmend auch die Technologien zugeordnet, die zur Auswertung genutzt werden. Das „Big" bezieht sich auf die sechs „V-Dimensionen":

- Volume (Umfang, Datenvolumen),
- Velocity (Geschwindigkeit, mit der die Datenmengen generiert und transferiert werden),
- Variety (Unterschiedlichkeit der Datentypen und -quellen),
- Veracity (Echtheit von Daten),
- Value (unternehmerischer Mehrwert),
- Validity (Sicherstellung hoher Datenqualität).

Big Data entstehen durch die Nutzung der sozialen Medien, aber auch durch die zunehmende Zahl an Sensoren, die z. B. in smarten Häusern und Städten genutzt werden. Das Internet der Dinge ist die Basis für smarte Innovationen und eine enorme Datenquelle.

Sensoren

„Only what get's measured get's done" („Nur was gemessen wird, wird auch umgesetzt"), lautet eine Business-Weisheit. Wie aber misst man systemische Entwicklungen wie Gesundung der Natur oder Verhaltensänderungen von Gesellschaften? In den letzten Jahrzehnten wurde eine große Vielzahl unterschiedlichster Sensoren sehr energieeffizient und kostengünstig. Mit ihnen lassen sich chemische, physikalische, ökologische und viele andere Eigenschaften messen und beobachten. Dies kann beispielsweise für die Beobachtung und Regeneration von gefährdeten Ökosystemen sehr nützlich sein.

Internet der Dinge und Roboter

Das Internet der Dinge (IdD, engl. Internet of Things, IoT) ist der Sammelbegriff für Technologien, die es ermöglichen, physische und virtuelle Gegenstände miteinander zu vernetzen und sie mittels Informations- und Kommunikationstechnologien zusammenarbeiten zu lassen. Es entsteht seit Beginn des Jahrtausends und wird langfristig ein wichtiger Baustein zur Verwirklichung der Kreislaufwirtschaft sein. Es eröffnet beispielsweise die Möglichkeit, den Standort und den Zustand von physischen Objekten nachzuverfolgen. Zukünftig wird es die Steuerung und Wartung von Geräten über große Distanzen ermöglichen. Auch die Robotertechnologie hat sich in den letzten Jahrzehnten rasant weiterentwickelt. In Zukunft können Roboter an Orten, die für Menschen gefährlich oder unzugänglich sind, gute Dienste leisten. Dies kann beispielsweise für die Wartung von Offshore-Windparks oder Solaranlagen in der Wüste sehr hilfreich sein.

Analytik

Als Analytik oder analytische Informationssysteme bezeichnet man Verfahren, die alle Daten eines Unternehmens so analysieren und aufbereiten, dass sie Entscheidungsfindungen unterstützen. 2012 unterschied die Marktforschungsgruppe Gartner vier Typen der Analytik:

1. Deskriptive Analytik

Was ist passiert? Diese beschreibende Analyse beschäftigt sich mit Daten der Vergangenheit und versucht, Auswirkungen auf die Gegenwart zu verstehen. Dies entspricht dem Forecasting-Ansatz aus Kapitel 2.3. Typisch hierfür sind Ist-Daten in Tabellenkalkulationen, beschreibenden Statistiken und Übersichten in Dashboards. Business Intelligence ist hier anzusiedeln.

2. Diagnostische Analytik

Warum ist etwas passiert? Diagnostische Analytik gibt Antworten auf Fragen nach den Gründen, Auswirkungen, Wechselwirkungen oder Folgen von Ereignissen.

3. Prädiktive Analytik

Was wird passieren? Prädiktive Analytik blickt in die Zukunft. Daten, die über Sensoren, Websites oder anderweitig gesammelt werden, werden mit maschinellem Lernen und anderen statistischen Methoden auf Muster und Auffälligkeiten hin analysiert, um Vorhersagen über die Wahrscheinlichkeit von Ereignissen zu treffen. Predictive Maintenance ist ein bekanntes Beispiel: Sensordaten-Anomalien einer Maschine prognostizieren den Ausfall bestimmter Bauteile und veranlassen eine Wartung.

4. Präskriptive Analytik

Wie müssen wir handeln, damit ein zukünftiges Ereignis (nicht) eintritt? Präskriptive Analytik liefert Handlungsempfehlungen, um Trends in eine gewünschte Richtung zu beeinflussen, prognostizierte Entwicklungen zu verhindern oder sich auf ein zukünftiges Ereignis einzustellen. Basis hierfür sind anspruchsvolle, auf Expertenwissen beruhende mathematische Modelle, die unter dem Begriff „Operations Research" entwickelt werden. Zudem kommt hier künstliche Intelligenz und maschinelles Lernen zum Einsatz.

Präskriptive Analytik kann Backcasting-Prozesse unterstützen. Sie ist damit besonders gut für komplexe strategische Entscheidungen geeignet. Bei der Transformation zur nachhaltigen Entwicklung werden solche Entscheidungen in allen Organisationen vermehrt anstehen.

Zusammenspiel von Mensch und Maschine

Werden Computer das menschliche Denken ersetzen, so wie seit Beginn der Industrialisierung Maschinen unsere körperlichen Fähigkeiten? Nein! Die Technologien der Digitalisierung können uns aber von Routineaufgaben entlasten. Es bleibt dann mehr Zeit für einen sinn- und maßvollen Umgang mit Ausnahmesituationen. Entscheider können im Zusammenspiel mit intelligenten Algorithmen eine neue Qualität an Effizienz, Prozessstabilität und Resilienz erreichen.

Agile Optimierung
Adrian Weiler, Eva Savelsberg und Ulrich Dorndorf beschreiben in ihrem Buch *Agile Optimierung* einen neuen Management-Ansatz. Er erlaubt Führungskräften, datenunterstützt komplexe Entscheidungen zu treffen und ressourceneffizient scheinbar Unplanbares zu beherrschen.

30

Die rasante Entwicklung und Ausbreitung der Digitalisierung ermöglicht uns heutzutage, hochkomplexe dynamische Prozesse zu beobachten und zu steuern. Präskriptive Analytik unterstützt Entscheidungsfindungen in unplanbaren Situationen und Kurswechsel in Richtung einer gewünschten Zukunft.

4.3 Der Zwillingsweg

Systemdenken und -handeln geht davon aus, dass alles mit allem verbunden ist und nichts isoliert von seiner Umgebung existiert. Es unterscheidet sich damit grundsätzlich von der Art, wie wir uns in den letzten Jahrhunderten arbeitsteilig in unterschiedlichen Experten-Silos entwickelt und in unterschiedlichen Branchen und Gesellschaftsgruppen organisiert haben.

Denkmodelle der Nachhaltigkeit
Bereits 1992 wurde aus Anlass der ersten UN-Nachhaltigkeitskonferenz in Rio das Drei-Säulen-Modell vorge-

stellt, um den systemischen Ansatz der Nachhaltigkeit zu visualisieren. Die drei „Ps" – Planet (Ökologie), People (Soziales), Profit (Wirtschaft) – werden als gleichberechtigt und gleich wichtig angesehen. Nachhaltige Entwicklung findet im Überlappungsbereich aller drei statt.

Bereits zehn Jahre später wurde das Vorrangmodell der Nachhaltigkeit eingeführt. Es verdeutlicht eine andere Beziehung zwischen den drei „Ps": keine Wirtschaft ohne Gesellschaft; keine Gesellschaft ohne Ökologie.

Wollen wir die Transformation zur Nachhaltigkeit gestalten, haben beide Modelle eine Schwachstelle. Sie stellen Beziehungen von großen Systemen dar. Entwicklung und Veränderung findet aber in der Wechselwirkung von Individuum und Umfeld statt. Daher wurde dem Vorrangmodell 2011 ein viertes „P" hinzugefügt: die Person.

Keins dieser Modelle berücksichtigt die Tatsache, dass alles mit allem verbunden ist. Dies kommt jedoch im vierten Modell zum Ausdruck, das ich Balance-Trilog nenne. Es nutzt die symbolische Grundform der Trinität bzw. Dreifaltigkeit. Nachhaltigkeit ist dann erreicht, wenn alle vier Felder gleich groß, das heißt in Balance sind.

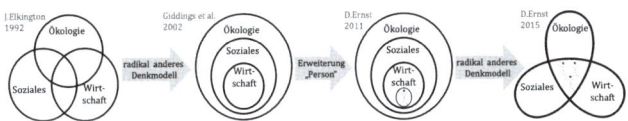

Abb. 8: Entwicklung der Denkmodelle bis hin zum Balance-Trilog.

Hebel zur Re-Balancierung

Es besteht wohl relativ große Einigkeit in der Welt darüber, dass viele unserer Öko- und Sozialsysteme zugunsten der Ökonomie aus der Balance geraten sind. Zudem nimmt die Zahl von Menschen, die unter anderem aufgrund der Arbeitsbedingungen unter Burn-out, Stress und Überlastungssyndromen leiden, in den letzten Jahren rasant zu. Dies lässt sich mit der Visualisierung durch den Balance-Trilog verdeutlichen.

Abb. 9: Unnachhaltige Situation heute: Balance verschoben zugunsten der Wirtschaft.

Wie kommen wir zurück in die Balance? Ich glaube, ein wichtiger Hebel liegt bei jedem von uns. Wenn wir es für uns persönlich schaffen, bewusst ein nachhaltiges, gesundes, balanciertes Leben zu führen, lernen wir auch, intuitiv die Hebel zu erspüren, die zur Re-Balancierung unserer Umwelt führen. Warum? Oft funktioniert Leben nach dem Prinzip Selbstähnlichkeit, das Aristoteles wie folgt ausdrückte: „Kenne dich selbst, dann kennst du die Welt."

> **Selbstähnlichkeit**
> Selbstähnlichkeit bezeichnet grundsätzlich wieder-
> kehrende, in sich selbst verschachtelte Strukturen.
> Der Begriff wird sowohl in der Philosophie und der
> Soziologie als auch in den Naturwissenschaften und
> der Mathematik genutzt. Beispiele aus dem Leben
> sind die Verästelung von Blutgefäßen oder Farn-
> blättern und Blumenkohlröschen.

Folgende Annahmen und Beobachtungen haben mir
geholfen, diesen Hebel zu finden:

- Die Menschheit und ihre Entwicklung sind Teil eines
  großen systemischen Evolutionsprozesses.
- Die Unterscheidung von Körper, Geist und Seele ist
  sinnvoll, um sehr unterschiedliche Aspekte des
  menschlichen Lebens zu erfassen.
- Jeder Mensch hat grundsätzlich die Fähigkeit, Selbst-
  bewusst-Sein zu entwickeln. Dazu gehört die Fähigkeit, Zeuge der eigenen Gefühle, Gedanken, Körpersi-
  gnale und Bewegungen zu sein.

René Descartes postulierte „Cogito, ergo sum" („Ich
denke, also bin ich"). Das heißt, er fokussiert den Menschen auf den Geist. Diese Idee hat lange Zeit unser
westliches Menschenbild geprägt. Doch heute ist auch
wissenschaftlich akzeptiert: Körper, Geist und Seele
sind untrennbar miteinander verbunden.
Nutzt man nun das Prinzip Selbstähnlichkeit, ergibt
sich Folgendes:

- Ökologie lässt sich dem Körper zuordnen.

- Soziales korrespondiert mit der Seele.
- Wirtschaft entspricht dem Geist.

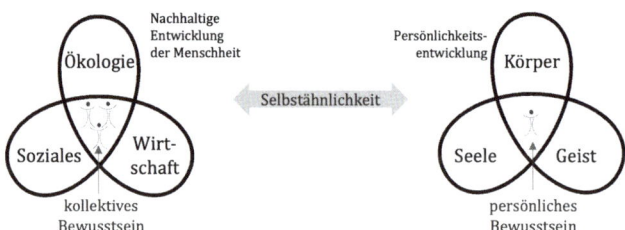

Abb. 10: Balance-Trilog und das Prinzip der Selbstähnlichkeit.

Der Weg zur Nachhaltigkeit erfordert eine tiefgreifende Weiterentwicklung unseres kollektiven Bewusstseins. Dies geschieht dann, wenn viele Menschen beginnen, neue Geschichten bzw. Narrative zu erzählen. Aus diesen neuen Geschichten folgen dann andere Entscheidungen und verändertes Verhalten.

Es ist bekannt, dass niemand die Fähigkeit hat, andere zu ändern. Ändern und entwickeln kann man nur sich selbst. Jeder Mensch kann sich für persönliche Nachhaltigkeit entscheiden. Der Weg zur persönlichen Balance ist die Entwicklung tiefer Selbst(er)kenntnis und Selbstführung. Dies ist ein innerer Weg der Bewusstseinsentwicklung.

Amerikanische Ureinwohner nennen einen solchen Weg den Zwillingsweg der Führung:

Wir (ver-)trauen keinem Anführer, der nicht den Zwillingsweg geht: den inneren Weg der Selbsterkenntnis, Selbstentfaltung und Versenkung sowie den äußeren Weg des Handelns und der Wirksamkeit in der Welt. Der äußere Weg, Einfluss auf das Weltgeschehen zu haben, ist sehr wichtig. Aber ohne den fortwährenden Zugang zur inneren Weisheit wird er zwangsläufig im Widerspruch zum Allgemeinwohl stehen. (Mac McCarthney aus dem Vorwort von Ernst, 2016; eigene Übersetzung)

Systemdenken und -handeln ist ein wichtiger Schlüssel zur Umsetzung der UN-Nachhaltigkeitsziele. Das kommt im „Balance-Trilog" aus den Bereichen Ökologie, Soziales und Wirtschaft zum Ausdruck. Ein lohnender Weg zum Erlernen von Systemdenken und -handeln ist die Entwicklung von Selbstbewusstsein und das Erlernen von Selbstführung. Der Zwillingsweg beschreibt eine alte Tradition der Führung: den inneren Weg der Selbsterkenntnis gepaart mit dem äußeren der Wirkung in der Welt. Auf dem Zwillingsweg lässt sich die Transformation zur nachhaltigen Entwicklung gut gestalten.

30

9 To-dos aus der gelebten Praxis

1. Bewusstsein schaffen

Erstaunlicherweise sind die UN-Nachhaltigkeitsziele nach wie vor ein gut gehütetes Geheimnis – und das obwohl sie den einzigen langfristig stabilen Rahmen für Politik und Wirtschaft bilden. Machen Sie Ihre Mitarbeiter und Kollegen auf die Ziele aufmerksam und zeigen Sie die damit verbundenen notwendigen Veränderungen und mögliche Chancen auf.

2. Sich auf eine lange Reise einstellen

Die Transformation zu nachhaltiger Entwicklung erfordert eine Zusammenarbeit aller Gesellschaftsgruppen, teilweise auf neue Art. Dies ist notwendig, um die anstehenden Systemwandel zu gestalten. Diese sind mit der Veränderung unbewusster kultureller Verhaltensweisen und Glaubenssätze verbunden. Prozesse, in denen Bewusstsein geschaffen und neues Verhalten gelernt werden müssen, sind von Natur aus langwierig und erfordern Geduld und Durchhaltevermögen.

3. Beginnen

Es gibt nicht den richtigen Ort, die richtige Aktivität, um zu beginnen. Mögliche Startpunkte sind so vielfältig wie die Menschen, die sie finden. Der eine begleitet seine Kinder auf eine *Fridays-for-Future*-Demonstration, die andere engagiert sich im Ehrenamt. Ein Dritter nutzt seine berufliche Position, um eine Innovation auf nachhaltige Wirkungen zu überprüfen. Wo auch immer Sie sind, der erste Schritt ist meist der schwerste. Dennoch: Fangen Sie an, sich damit zu beschäftigen, welchen Beitrag Sie leisten können.

4. Achtsam mit Sprache umgehen

Häufig kommt es zu Konflikten, weil die Gestalter und Betroffenen einer Transformation unterschiedliche Erfahrungshorizonte und Denkstrukturen haben. Deshalb ist es unerlässlich, von Beginn an sehr bewusst mit Sprache umzugehen, indem Sie:

- Fachsprachen vermeiden, Alltagssprache nutzen,
- Dialog gestalten, positive, inklusive Sprache nutzen,
- Metaphern nutzen und visualisieren,
- regelmäßiges Feedback vorsehen,
- Perspektivvielfalt verdeutlichen.

5. Sich ent-wickeln

Machen Sie deutlich, dass niemand schuld ist an der bestehenden Situation. Wir alle gemeinsam haben uns in für heute nicht mehr sinnvollen Denkmodellen und Bewertungsmechanismen „ver-wickelt". Nun haben wir die Aufgabe, uns die daraus resultierenden blinden Flecken bewusst zu machen. Dann können wir uns aus den „Ver-wicklungen ent-wickeln" und offen und mutig in die Zukunft schauen.

6. Ein sinnstiftendes Ziel formulieren

Um miteinander Zukunft zu gestalten, ist es essenziell, ein gemeinsames Ziel zu definieren. In dieser Vision finden die Wünsche und Bedürfnisse aller Beteiligten Ausdruck. Zudem sollte sie klar und leicht verständlich formuliert werden. Die Vision beschreibt nicht den Weg zur Zielerreichung!

7. Mut und Vertrauen

Es braucht Mut, neue Wege zu gehen. Bringen Sie Menschen, die diesen Mut entwickeln, Vertrauen entgegen. Helfen Sie ihnen, wenn einmal etwas nicht gelingt. Vielleicht entwickeln Sie dann auch Mut für Veränderung.

8. Achtsam mit Zeit umgehen

Zeit ist ein Geschenk des Lebens an uns. Wie gehen wir damit um? Nutzen wir sie bewusst, lassen wir uns treiben oder funktionieren wir nur? Schaffen Sie eine gute Balance zwischen den drei Zeitdimensionen:

- Kairos, dem richtigen Moment, den man nur erkennt, wenn es auch schon einmal Muße und Stille gibt,
- Chronos, der geplanten Zeit, die wir so leicht aus- und überlasten,
- Rhythmus, den Rhythmen, denen jedes Leben folgt.

9. Niemals aufgeben!

Glauben Sie daran, dass am Ende alles gut wird. Es gibt immer einen Weg!

Fast Reader

1. Die Lage der Welt

Seit Ende des 18. Jahrhunderts haben sich die Lebenserwartung, der Lebensstandard, das allgemeine Bildungsniveau und vieles mehr verbessert. Allerdings hat dieser Fortschritt einen Preis, der heute sichtbar wird. So hinterlassen gerade Länder, die in der sozialen Dimension der Nachhaltigkeit gut abschneiden – wie Deutschland –, einen besonders großen ökologischen Fußabdruck.

Wir erleben einen doppelten Systemwandel:

- **Die Digitalisierung bringt große Veränderungen mit sich in der Art, wie wir kommunizieren und mit Daten und Informationen umgehen. Wir alle erlernen neue kulturelle Fähigkeiten.**
- **Parallel findet – gekoppelt an den Begriff Nachhaltigkeit – die Transformation unseres globalen Wirtschaftssystems statt. In Zukunft wird wirtschaftlicher Erfolg nicht mehr nur an der**

Profitabilität gemessen, sondern auch an der Schaffung sozialer und ökologischer Nutzen.

2. Nachhaltige Entwicklung

Die 17 UN-Nachhaltigkeitsziele bilden die von 193 Staaten gemeinsam definierte Agenda zur friedlichen, nachhaltigen Entwicklung der Menschheit. Zu jedem dieser Ziele sind Unterziele definiert, insgesamt sind es 169. Sie sollen bis 2030 erreicht werden.

Keine gesellschaftliche Gruppe, keine Nation ist allein in der Lage, sie umzusetzen. Jeder ist aufgerufen, daran mitzuarbeiten. In den meisten Ländern wird seit 2016 daran gearbeitet, die Ziele und die Unterziele in konkrete Maßnahmen zu übersetzen. Dies ist ein kreativer Prozess, denn alle Maßnahmen sollen in ihrem geografischen und kulturellen Kontext sinnvoll sein.

30

Da die Umsetzung der UN-Nachhaltigkeitsziele als Zwischenschritt der tiefgreifenden Transformation unseres globalen Wirtschaftssystems verstanden werden kann, bietet sich Backcasting als Planungsmethode an:

- **Als Erstes wird das Problem definiert.**
- **Dann wird von allen Betroffenen gemeinsam eine Vision formuliert.**

- *Die Ist-Situation wird ermittelt.*
- *Ideen zur Erreichung der Vision werden generiert.*
- *Die Ideen werden priorisiert.*
- *Bei der Umsetzung wird agil gearbeitet.*

3. Nachhaltiges Unternehmen

Es gibt viele Möglichkeiten, das Tagesgeschäft in Unternehmen nachhaltiger zu gestalten: nachhaltige Lieferketten, Green IT, Feedback-Kultur etc. Bei der Umsetzung kann es zu Zielkonflikten und Dilemmata kommen. Die Transformation zur Nachhaltigkeit erfordert daher auch Innovation auf allen Ebenen. Menschen, die diese gestalten wollen, brauchen Ambiguitätstoleranz. Sie müssen mit Widersprüchen umgehen können, ebenso mit Komplexität, hoher Dynamik und Unsicherheit.

Unternehmen haben vielfältige Möglichkeiten, nachhaltig zu handeln. Dabei gilt:

- *Profitabilität ist eine notwendige Randbedingung.*
- *Die UN-Nachhaltigkeitsziele können als Inspiration zur Entwicklung einer nachhaltigen Unternehmenskultur dienen.*
- *Systemische Innovation beginnt stets mit einer Problemdefinition, in die alle Betroffenen ein-*

bezogen sind. Um schnell zu Entscheidungen zu kommen, ist es hilfreich, auf Konsent statt auf Konsens zu setzen.

● Nachhaltige Entwicklung kann als tiefgreifende kulturelle Revolution aufgefasst werden.

4. Neues Wissen, neue Werkzeuge

Leben verändert sich nie isoliert, sondern immer in Wechselwirkung, das heißt in gemeinsamem Lernen mit seinem Umfeld. Lebenslanges Lernen wird von Freude und Begeisterung genährt. Es ist notwendig, um Systemwandel zu gestalten.

Die Entwicklung und Ausbreitung der Digitalisierung ermöglicht uns, hochkomplexe dynamische Prozesse zu beobachten und zu steuern. Präskriptive Analytik unterstützt Entscheidungsfindungen in unplanbaren Situationen und Kurswechsel in Richtung einer gewünschten Zukunft.

Systemdenken und -handeln ist ein Schlüssel zur Umsetzung der UN-Nachhaltigkeitsziele.

Gut gestalten lässt sich die Transformation zur nachhaltigen Entwicklung auf dem Zwillingsweg:

● dem inneren Weg der Selbsterkenntnis
● gepaart mit dem äußeren Weg der Wirkung in der Welt.

Die Autorin

 Dr. Dorothea Ernst arbeitet mit Führungskräften und Teams, begleitet persönliche und organisationsinterne Transformationsprozesse und hält Vorträge. Sie ist Mitglied des Teams Health & Sustainability der INFORM GmbH in Aachen. Sie ist promovierte Physikerin und Mediatorin. 16 Jahre lang hat sie als Angestellte bei Philips Innovations- und Veränderungsprozesse mitgestaltet. Zwei wichtige Etappen waren die Mitarbeit an der Digitalisierung der Lichtindustrie sowie die Einführung von Nachhaltigkeit als Innovationskraft in den Gesamtkonzern. In beiden Aufgaben lernte sie, dass Menschen und ihre Ziele, Werte und Haltungen in Kombination mit kluger Nutzung von Technologie die wesentlichen Schlüssel zu Innovation und langfristigem, lebensbejahendem Erfolg sind.

Kontakt:
Dr. Dorothea Ernst
Am Tivoli 25
52070 Aachen

E-Mail: D.Ernst@celviva.com

Weiterführende Literatur

- Capra, F., Luisi, P.L.: The Systems View of Life, Cambridge, 2015
- Ernst, D.: Personal and Organizational Transformation towards Sustainability, New York, 2016
- Felber, C.: Gemeinwohl-Ökonomie, München, 2018
- Hüther, G.: Was wir sind und was wir sein könnten, Frankfurt, 2011
- Maturana, H.R., Varela, F.J.: Der Baum der Erkenntnis, Bern, München, Wien, 1987
- Meadows, D. u. a.: Die Grenzen des Wachstums, 1972. 14. Aufl., Stuttgart, 1987
- Rockström, J., Steffen, W., Noone, K. u. a.: A safe operating space for humanity. Nature 461, 472–475, 2009
- Scharmer, C. O.: Essentials der Theorie U, Heidelberg, 2019
- Schein, E.H.: Organisationskultur, Köln, 2010
- Schneidewind, U.: Die große Transformation, Frankfurt, 2018
- Senge, P.: Die fünfte Disziplin, Stuttgart, 2003
- Weiler, A., Savelsberg, E., Dorndorf, U.: Agile Optimierung in Unternehmen, Freiburg, 2018
- Wissenschaftlicher Beirat der Bundesregierung Globale Umweltveränderungen: Unsere gemeinsame digitale Zukunft, Berlin, 2019
- World Commission on the Environment and Development: Our Common Future, Oxford 1987

Onlinequellen:

- PWC: Measuring and managing total impact: A new language for business decisions, https://www.pwc.com/gx/en/sustainability/publications/total-impact-measurement-management/assets/pwc-timm-report.pdf [28.12.2019]
- The Natural Step Deutschland, https://www.thenaturalstep.de/de/situation/human-development-index/ [27.12.2019]
- United Nations: Transforming our World – The Agenda 2030 for Sustainable Development, https://sustainabledevelopment.un.org/post2015/transformingourworld/publication [8.12.2019]
- Wikipedia: „Brundtland-Bericht". Stand 16.12.2019, https://de.wikipedia.org/w/index.php?title=Brundtland-Bericht&oldid=194967857 [03.02.2020]
- Wikipedia: „Organisationskultur". Stand 29.07.2019, https://de.wikipedia.org/w/index.php?title=Organisationskultur&oldid=190853039 [24.02.2020]
- Wikipedia: „Wirtschaft". Stand 25.01.2020, https://de.wikipedia.org/w/index.php?title=Wirtschaft&oldid=196166926 [03.02.2020]
- Wirtschaftslexikon: „Kondratieff-Zyklen". http://www.wirtschaftslexikon.co/d/kondratieff-zyklen/kondratieff-zyklen.htm [1.5.2020]
- WWF, Living Planet Report 2006, http://d2ouvy59p0dg6k.cloudfront.net/downloads/living_planet_report.pdf , Seite 19 [23.02.2020]

Register